창조과학 백문 백답

지구, 우주, 인간, 동식물 등 만물은 어떻게 생겨났을까?

창조과학 백문 백답

책 속 부록 : 창조주의 놀라운 작품들

손방주 지음

성경을 믿는 사람에게는 신앙의 뿌리를 더욱 튼튼하게!
믿지 않는 사람에게는 합리적 진리 탐구의 지침서!

좋은땅

책을 펴내면서

'지구, 우주, 인간, 동식물 등 만물은 어떻게 생겨났을까?'라는 것을 고민하는 사람은 우리 주변에 그리 많지는 않을 것입니다.

다양한 매스미디어와 SNS 등 정보의 홍수 속에 살아가다 보니 하루가 너무 짧게 느껴질 만큼 보고 들을 것이 넘쳐나고 해야 할 일 또한 많은 세상이라서 근본적인 문제에 대해서는 신경 쓸 마음의 여유가 부족하기 때문일 것입니다.

21세기 과학 기술의 발달로 우주 탐사가 확대되고 있고 DNA 연구로 인간 복제도 시도되고 있는 가운데 인공지능(AI) 기술 또한 우리 생활 깊숙이 들어와 활용되고 있습니다.

이에 인간 스스로의 힘으로 많은 문제들을 헤쳐나갈 수 있다는 '자신감' 내지는 '자만심'이 팽배해져 가고 있어 종교를 가진 사람들의 숫자 자체도 갈수록 줄어들고 있습니다.

'세상 만물이 어떻게 생겨났을까?'라는 질문에 대한 답변을 크게 2가지로 나누면 그리 오래되지 않은 시점에 창조주에 의해 창조되었다는 '창조론'과 아주 오래전에 우주 폭발에 의해 우연히 지구와 생명체가 생겨 났다는 '진화론'입니다.

세상을 지배하는 힘의 논리에 의해 어느 때부터 창조론은 종교라는 영역에 갇히게 되었고 진화론은 과학이라는 영역으로 확대되어 교과서에 실리게 되고 증명되지 않은 가설들로 가득한 내용들이 사람들 인식 속에 심어져서 일반화되어 버렸습니다.

또, 기독교인들 중 일각에서는 '유신 진화론' 등과 같은 타협 이론들을 주장하고 나와서 성경 창세기의 창조 내용을 다르게 왜곡하여 해석하는 안타까운 상황도 있습니다.

진화론의 관념 속에 심화되고 있는 '약육강식'의 세상에서 살아남기 위해 허우적거리며 안간힘을 쓰다가 인생의 귀한 시간과 에너지를 허비하는 사람들을 보면 너무나도 안타까움을 느낍니다.

이 책을 펴내게 된 이유는 창조론과 진화론에 대해 흔히 할 수 있는 질문을 골라 핵심 내용 중심으로 쉽게 요약하여 설명함으로써 성경을 믿는 사람에게는 신앙의 뿌리를 더욱 튼튼히 하는 계기가 되도록 하고 성경을 믿지 않는 사람에게는 무엇이 진리인지를 합리적으로 판단해 볼 수 있는 좋은 지침서가 되도록 하기 위함입니다.

만물의 근본을 제대로 이해해야 인간으로 태어난 우리가 어떻게 살아가야 하는지를 알 수 있으므로 이 책과의 만남이 좋은 계기가 되시길 진심으로 바랍니다.

(한국창조과학회 자료도 일부 참고하였음을 밝혀 드립니다.)

태초에 하나님이 천지를 창조하시니라.
창세기 1장 1절

목차

진화론은 또 하나의 믿음

노아의 방주

대홍수

지층과 화석

빙하시대

공룡과 동식물

지구와 우주

책 속 부록 : 창조주의 놀라운 작품들

창조와 진화

1 창조론과 진화론의 가장 큰 차이점은 무엇인가요?

창조론(創造論, Creationism)은 성경 기록을 기반으로 하여 우주와 생명을 하나님이 직접 창조하였다는 이론입니다.

처음부터 만물은 완성된 형태로 창조되었으며 생명체의 경우 큰 범위 내에서 종류(kind)대로 창조된 후 다양한 작은 종(species)의 형태로 변이되어 왔다는 것입니다.

진화론이 태동하여 확산되기 전까지 창조는 당연한 것으로 받아들여 왔습니다.

진화론(進化論, theory of evolution)에서는 생명의 발생과 인간의 탄생에 대해서 우연히 그리고 저절로 이루어졌다고 주장하고 있으며 학교 과학 교과서에도 거의 대부분이 진화론적 내용들로 되어 있습니다.

아주 먼 옛날에 단세포 생명체가 우연히 생겨났고 이후 세포가 만들어졌으며 오랜 세월에 걸쳐 수많은 돌연변이 과정을 거치면서 자연선택에 의하여 동물과 식물들이 다양하게 생겨났다는 것입니다.

동물들 중에서 물고기를 거쳐 원숭이와 유인원이 생겨났고 인간으로까지 진화되었다고 합니다.

하지만 진화론에서 기초로 삼고 있는 '자연발생설' 자체가 과학 이론의 법칙으로 인정받지 못하고 있으며 그 어떤 실험에서도 무생물이 생물로 되는 실험을 성공한 적이 없는 상황이라서 '진화 법칙'이 아닌 '진화론'에 머물러 있는 것입니다.

1861년 프랑스 화학자이자 생물학자인 루이 파스퇴르는 실험을 통하여 자연 발생은 있을 수 없음을 밝혔고 그의 저서 《자연발생설 비판》을 통하여 세상에 알렸습니다.

창조론과 진화론의 가장 큰 차이점을 한마디로 요약하면 창조론은 우주 만물이 하나님에 의해서 완성된 모습으로 창조되었다는 것이고 진화론은 우주와 지구는 물론이고 물질과 생명체가 우연히 만들어져 다양하게 변화되고 있다는 것입니다.

Tip

창세기에 나오는 종류(kind)는 생물 분류에서의 종(species) 보다 훨씬 더 범위가 넓은 것으로서 고양잇과에 속하는 종류를 예로 들면, 사자, 표범, 치타, 고양이, 호랑이 등 다양한 형태가 있듯이 노아 대홍수 이후에 세부적인 종 (species)들로 나누어졌을 것으로 보인다.

2 진화론이 나오기까지 어떤 역사적 배경이 있었나요?

산업혁명

르네상스(14세기~16세기)는 학문과 예술의 부활과 재생이라는 의미를 가진 문화 부흥 운동이었으며 중세 유럽이 오랫동안 신 중심의 세계관과 봉건 제도로 인하여 개인의 자유와 창의성이 억압되어 왔던 것이 큰 영향을 미쳤습니다.

이를 계기로 정치, 경제, 사회, 문화, 예술, 과학 등 여러 분야에서 새로운 패러다임이 생기기 시작하였습니다.

특히 중세 유럽을 정신적으로 지배하던 기독교가 이러한 인간중심주의 운동인 르네상스와 종교개혁(16세기~17세기)의 영향으로 지속적인 공격을 받았으며 이성에 근거하여 사물을 보는 움직임이 유럽 사회에 점차 팽배해 갔던 것입니다.

이러한 경향이 이어지면서 성서에 대한 비판과 더불어 신의 계시를 부정하는 등 기독교의 내용을 이성적으로 바라보는 '이신론'이 등장하였으며 기존 기독교와의 충돌은 불가피했습니다.

인본주의(人本主義, Humanism)는 르네상스 시기 신본주의에 반대하며 등장하였고 17세기에는 과학주의(科學主義, scientism)와 결합되어 18세기에 확산된 계몽주의(啓蒙主義, Enlightenment)에도 많은 영향을 미쳤습니다.

영국에서 시작되어 전 유럽으로 확산된 산업혁명 시기를 거치면서 인본주의는 무신론이나 유물론 등과 결합하여 현대 사상의 주류를 이루게 되었습니다.

또, 17세기 프랑스의 철학자, 수학자, 과학자이자 근대 철학의 아버지라고도 불리는 데카르트(René Descartes)는 "나는 생각한다. 고로 나는 존재한다"라는 말을 남겨 '신'이 아닌 '나'를 중심으로 하는 사상을 설파했고 물질세계의 현상들은 수학으로 계산할 수 있기 때문에 충분히 자연을 지배해 나갈 수 있다는 논리를 폈습니다.

이러한 주장은 이후 근대의 많은 학자들이 과학과 수학에 더욱 몰입할 수 있는 원동력으로 작용하였으며 나아가서는 자연과학이 급속하게 발전해 나가는 데에 철학적 바탕이 되었다는 평가를 받고 있습니다.

또, '과학과 이성'이 사상의 중심이라는 '계몽주의'에도 큰 영향을 미쳤습니다.

결국 인본주의와 계몽주의는 만물이 창조되지 않았고 자연으로부터 생겨났다고 주장하는 이른바 '진화론'이 등장하는 역사적 배경이 되었습니다.

르네상스(Renaissance, 16세기~17세기)는 이탈리아를 중심으로 서유럽으로 번져나간 문화적인 큰 변혁으로서 고대 그리스와 로마 문화로의 복원을 추구했으며 교황의 권한이 약해지고 전 유럽을 휩쓸었던 흑사병의 발생과 봉건제도가 붕괴되는 과정에서 더욱 확산되어 나갔다.

3 진화론이 형성될 초기에 큰 영향을 끼친 인물들은?

찰스 다윈(Charles Robert Darwin)

현대 지질학의 아버지로 불리는 인물인 스코틀랜드 출신의 18세기 지질학자 제임스 허튼(James Hutton, 1726~1797)은 지질학이 현대 학문으로 발전하는 데에 그 기초를 놓은 인물로 널리 알려져 있습니다.

그는 지층이 점진적인 과정으로 형성되었다고 주장하였으며 격변론을 주장하는 과학자들과 늘 맞선 인물로 알려져 있기도 합니다.

영국의 생물학자 찰스 다윈(Charles Robert Darwin, 1809~1882)은 1859년에《자연 선택에 의한 종의 기원》이라는 책(이후 증판을 거치면서 '종의 기원'으로 제목 변경)을 펴냈으며 모든 생물의 종은 한 조상으로부터 생겨났으며 진화 과정을 통하여 다양하게 변해 왔다고 했습니다.

그는 논문과 책을 통하여 생물은 매우 느린 속도로 조금씩 진화해 왔으며 목적성이나 방향성도 없다고 하였고 자연에 좀 더 잘 적응한 종이 살아남는다고 주장하였습니다.

이전에도 일부 사상가들이나 학자들에 의해서도 진화론이 주장되었으나 찰스 다윈은 실험과 체계적인 논문으로 이른바 '진화론의 아버지'라 불릴 정도로 현대 사회의 각종 학문과 문화에 매우 큰 영향을 끼치고 있습니다.

그는 멘토였던 찰스 라이엘(Charles Lyell, 1797~1875)이 주장한 '동일과정설'에 영향을 많이 받았고 찰스 라이엘은 제임스 허튼의 주장을 추종하는 인물이기도 했었습니다.

찰스 라이엘은 그의 대표적인 저서인《지질학원리》에 현재는 과거의 열쇠이며 현재의 자연현상들은 과거에도 일어났던 일이 반복되고 있다고 주장하였습니다.

지층의 시대별 분류 체계를 나타낸 '지질시대표'는 제임스 허튼의 저서인 《지구의 이론(Theory of the Earth, 1788년)》에 기록된 동일과정설(uniformitarianism)에 기초를 두고 있으며 이후 찰스 라이엘의 저서인 《지질학의 원리(Principles of Geology, 1830년)》에서 더욱 체계화되었고 이후 찰스 다윈의 저서 《종의 기원》에도 큰 영향을 미치게 되었던 것입니다.

4 진화론은 인류 사회에 어떤 영향을 끼쳤나요?

진화론은 '과학'이라는 범주를 벗어나 '인본주의'라는 이념 아래 신의 존재를 부정하고 사람 중심의 사고를 하게 만들었고 약육강식과 적자생존의 원리 아래 강하고 똑똑한 사람이 훨씬 더 많이 가지고 누리게 되며 약하고 덜 똑똑한 사람은 점차 도태되고 종속되는 사회가 되는 데 큰 영향을 미치고 있습니다.

진화론은 투쟁, 폭력, 음란, 낙태, 대량학살, 인종차별, 허무주의, 동성애 확산이라는 부정적인 결과를 낳아 왔는데 특히 대량 학살을 정당화하여 실행한 마르크스주의(Marx主義)와 나치즘(Nazism)의 사상적인 배경이 되기도 했습니다.

또, 진화론은 열등한 인종을 도태시켜야 한다는 과학 이론이 담긴 '우생학(優生學, eugenics)'에 학문적 기초를 제공하였고 독일의 히틀러는 이 '우생학'에 근거하여 장애인을 학살하는 만행을 저지르기도 했습니다.

그 외에도 오늘날 인류 사회의 양극화도 크게 보면 '진화론적 관념'이 간접적인 영향을 미치고 있다고 할 수 있습니다.

Tip 🖊

우생학은 영국 출신의 기상학자, 지리학자, 유전학자인 프랜시스 골턴(Francis Galton)이 1869년에 "우수한 인간은 환경이 아닌 유전으로 태어난다"라는 이론을 제창한 논문인 〈Hereditary Genius〉를 출판하면서 이론을 정립하였다.

5 초대교회의 교부들은 천지창조에 대해 어떤 입장이었나요?

초대교회(初代教會)의 교부(教父)는 사도들에 이어서 AD 2세기~8세기에 기독교의 교리를 연구하고 확립해 온 학자이자 선생님들을 의미합니다.

알렉산드리아의 장로이자 교리학교 교장 클레멘트(Clement, 152~217), 클레멘트의 뒤를 이른 신학자인 오리겐(Origen, 185~254), 알제리와 이탈리아에서 활동한 신학자 및 성직자이며 아우구스티누스라고도 불리는 어거스틴(Augustine, 354~430) 등을 포함하여 대부분의 교부들은 창세기에 기록된 창조 역사를 있는 그대로 해석하고 믿었습니다.

13세기 중세 서양의 최고 신학자로 불리는 토마스 아퀴나스(Thomas Aquinas, 1225~1274)나 16세기 종교 개혁자 칼뱅(Jean Calvin, 1509~1564)도 노아 대홍수가 전 지구적으로 일어난 역사라는 것을 포함하여 성경의 천지창조 기록을 명확하게 믿고 주장하였습니다.

17세기 이후 계몽주의가 확산되어 나갔으며 19세기에 진화론이 등장한 후 20세기 인본주의 선언문이 나오면서 육체와 정신이 진화의 산물이라는 이론이 점차 성경의 천지창조를 하나의 신화로 여기는 문화로까지 이어져 온 것입니다.

Tip

인본주의(人本主義) 선언문은 1933년 미국 시카고 대학에서 열린 회의에서 발표되었으며 미국의 철학자 및 교육학자로 유명했던 존 듀이(John Dewey, 1859~1952)를 포함하여 많은 목회자와 신학자들도 동참하였다.

인본주의는 '인간 중심의 세계관'을 내세우며 인간의 존엄성을 강조하지만 '신본주의'를 배격하는 것을 배면에 깔고 있다.

특히, 우주 만물이 저절로 존재하게 되었으며 신에 의해 창조되지 않았다는 내용도 명시되어 있을 정도로 진화론 방향으로 완전히 치우쳐 있었다.

6 남자는 여자보다 갈비뼈가 하나 부족하나요?

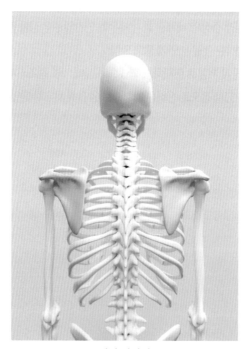

사람 갈비뼈

성경에 보면 남자인 아담의 갈비뼈로 여자인 하와를 만들었다고 나와 있는데 이에 대하여 "남자의 갈비뼈가 하나 부족해야 맞지 않느냐"고 질문하는 경우를 흔히 볼 수 있습니다.

창세기 2장 21절~23절 "여호와 하나님이 아담을 깊이 잠들게 하시니 잠들매 그가 그 갈빗대 하나를 취하고 살로 대신 채우시고 여호와 하나님이 아담에게서 취하신 그 갈빗대로 여자를 만드시고 그를 아담에게로 이끌어 오시니 아담이 이르되 이는 내 뼈 중의 뼈요 살 중의 살이라 이것을 남자에게서 취하였은즉 여자라 부르리라 하니라"

천지를 창조하시고 사람인 아담도 만들었는데 하와를 그냥 만들면 되지 왜 아담의 갈비뼈를 이용하였을까요?

의학적으로 사람의 뼈 중에서 갈비뼈의 경우 떼어내어도 다시 자라는 뼈라고 합니다.

하나님이 만물을 섭리에 의해 창조하였음을 훗날 인류에게 알려주려고 하신 것 같습니다.

오늘날 남자의 갈비뼈는 12쌍으로서 여자와 똑같습니다.

7 최초의 인류 아담의 첫아들인 가인은 누구와 결혼했을까요?

어떤 이는 성경 기록에 가인이 동생 아벨을 죽이고 타지로 가서 아들을 낳은 것을 보고 아담 이전에도 사람들이 살고 있었다고 하는데 그것은 성경을 잘못 해석한 것입니다.

창세기 4장 16절~17절 "가인이 여호와 앞을 떠나서 에덴 동쪽 놋 땅에 거주하더니 아내와 동침하매 그가 임신하여 에녹을 낳은지라 가인이 성을 쌓고 그의 아들의 이름으로 성을 이름하여 에녹이라 하니라"

하와는 아벨 이후에 셋을 낳았으며 아담의 자식이 성경에 나오는 3명만은 아닙니다.

창세기 4장 25절 "아담이 다시 자기 아내와 동침하매 그가 아들을 낳아 그의 이름을 셋이라 하였으니 이는 하나님이 내게 가인이 죽인 아벨 대신에 다른 씨를 주셨다 함이며"

"아벨 대신…"라고 나와 있듯이 셋을 낳은 시기가 아벨을 낳은 다음이 아니라 아벨이 죽은 후라는 것을 알 수 있습니다.

창세 초기에는 하나님이 땅에 충만할 것을 명령하셨습니다. 따라서 셋을 낳을 때까지 아무도 태어나지 않았을 확률은 매우 낮습니다.

성경에 기록된 바와 같이 아담이 셋을 낳은 나이가 130살이므로 그 사이에 셋의 형이나 누나들이 많이 태어났었음을 쉽게 짐작할 수 있습니다.

창세기 1장 22절 "하나님이 그들에게 복을 주시며 이르시되 생육하고 번성하여 여러 바닷물에 충만하라 새들도 땅에 번성하라 하시니라"

창세기 5장 4절 "아담은 셋을 낳은 후 팔백 년을 지내며 자녀들을 낳았으며"

아담은 930살까지 살았고 창세기 5장에 나오는 족보 내용은 아담의 모든 자손을 적은 것이 아니라 노아의 직계 조상들만 기록해 놓았습니다.

따라서 가인은 셋 이전에 태어난 많은 여동생들 중에서 아내를 택했을 것입니다.

아담 후 근친결혼을 계속 허용하다가 출애굽 때부터는 금지하는 구절이 등장합니다.

우리 인간은 노아 대홍수, 빙하기, 바벨탑 사건 등을 거치면서 삶의 물리적 정신적 환경이 많이 나빠졌고 세대가 이어지면서 유전자 손상이 늘어나 근친결혼을 할 경우 출산한 자녀가 각종 질환을 앓을 가능성이 높아지는 시점에 이르렀던 것입니다.

> 레위기 18장 6절 "각 사람은 자기의 살붙이를 가까이하여 그의 하체를 범하지 말라 나는 여호와이니라"

> 레위기 18장 9절 "너는 네 자매 곧 네 아버지의 딸이나 네 어머니의 딸이나 집에서나 다른 곳에서 출생하였음을 막론하고 그들의 하체를 범하지 말지니라"

> 레위기 18장 10절 "네 손녀나 네 외손녀의 하체를 범하지 말라 이는 네 하체니라"

즉, 성경에는 근친결혼을 허용했던 때와 금지했던 때가 나누어져 있었던 것입니다.

Tip

근친결혼(近親結婚)은 가까운 친척끼리 하는 결혼을 의미하며 우리나라에서는 8촌 이내의 인척 또는 인척이었던 사람끼리의 결혼이 금지되어 있다.
미국 대부분의 주, 영국, 캐나다, 호주, 이탈리아, 독일 등과 대부분의 이슬람권 국가에서는 근친결혼을 금지함은 물론이고 근친상간도 처벌 대상이다.
이는 종교적 또는 윤리적인 관습으로 이어져 오고 있기 때문이며 유전적으로 근친으로 인해 태어난 자녀는 유전적 결함으로 인해 신체적 문제가 발생할 확률이 그렇지 않은 경우보다 훨씬 높아진다.

일본, 프랑스, 네덜란드, 벨기에는 근친상간을 금지하는 법이 없다.

하지만, 법의 유무를 떠나서 4촌 이내의 근친상간이나 근친결혼이 강약의 차이는 있으나 사회적 비난의 대상이 되는 것은 지구촌 대부분의 공통된 문화다.

8 아담 시대는 900살 이상 살았다는데 인간의 수명이 줄어든 이유는?

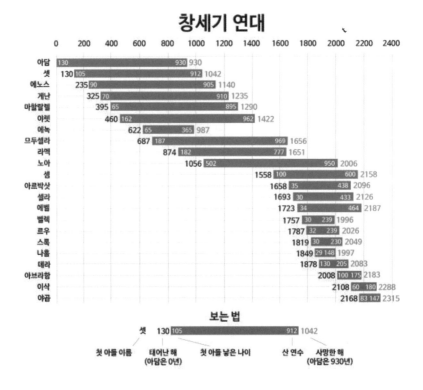

창세기 연대

보는 법

샛 130 105 912 1042

첫 아들 이름 · 태어난 해 (아담은 0년) · 첫 아들 낳은 나이 · 산 연수 · 사망한 해 (아담은 930년)

아담부터 노아까지는 평균 900살 이상 살았습니다.

에녹은 하나님의 뜻에 따라 비교적 일찍 생을 마치게 된 매우 특별한 경우였습니다.

창세기 5장 24절 "에녹이 하나님과 동행하더니 하나님이 그를 데려
가시므로 세상에 있지 아니하였더라"

노아 대홍수 이후부터는 그전과는 다르게 추위와 더위가 시작되었고
궁창 위의 물이 노아 대홍수 때 쏟아져 내려왔으므로 지구에 도달하는
자외선 등 유해 광선의 양도 크게 증가했을 것입니다.

창세기 8장 22절 "땅이 있을 동안에는 심음과 거둠과 추위와 더위
와 여름과 겨울과 낮과 밤이 쉬지 아니하리라"

폭이 90㎝나 되는 잠자리 화석, 사람 키보다도 더 큰 암모나이트 화석,
공룡과 같이 엄청나게 큰 동물들의 뼈나 화석이 발견되는 것을 보면 그
시대의 생존 환경이 얼마나 좋았는지 짐작할 수 있습니다.

오늘날은 인류의 평균 수명이 100세보다 훨씬 짧게 줄어든 상황인데
인간과 인간이 취식하는 음식물 원재료의 유전 정보가 노아 대홍수 이
전보다 크게 손실되어 온 점도 큰 이유 중 하나일 것입니다.

노아 대홍수 이후부터 지구는 인간이 편안하게만 살 수 있는 환경이
아니게 된 것입니다.

세계적으로 인간의 평균 수명은 저개발국이 60세 전후, 선진국이나 개발도상국이 70세~85세 정도이다.

요즘은 과학과 의학의 발전으로 질병에 의한 사망률과 신생아 사망률이 현대 이전보다 크게 낮아졌지만 과거에는 지역별 차이는 있었으나 평균 수명이 40세~50세였을 정도로 짧았으며 옛날 로마시대에는 평균 수명이 30세도 안 되었다고 한다.

9 인류의 기원을 연구하는 것은 역사인가요? 과학인가요?

과학을 크게 분류하면 실험을 통하여 증명할 수 있는 '실험과학'과 실험은 할 수 없으나 과학적 이론이나 가설을 기반으로 하는 '이론과학'으로 나눌 수 있습니다.

예를 들어 공기가 대부분 산소와 질소로 구성되어 있다고 하는 것은 실험이 가능한 것이므로 '실험과학'에 해당하고, 태양 주위를 태양계 각 행성들이 일정 주기로 공전하고 있다는 것은 실제로 실험이 힘든 경우이기 때문에 '이론과학'이라 할 수 있겠습니다.

인류의 기원을 연구하는 것은 실험도 할 수 없고 이론적으로도 증명되거나 정립되지 않은 상황이므로 가설을 세우면서 역사 자료를 참고하여 연구하는 과정에 있는 것이므로 크게 보면 '이론과학'이라 할 수 있으나 '인류 역사학'이라고 하는 것이 더 적합할 것으로 보입니다.

즉, 학문적으로 추론해 나가는 과정이라고 볼 수 있습니다.

10 성경에는 구석기와 신석기 시대 기록이 왜 없는가요?

인류의 유물로 돌 도구들이 발견된 것을 보고 진화 과학자들이 가공을 하지 않은 돌 도구이면 구석기 유물, 가공한 돌 도구이면 신석기 유물인 것으로 아주 단순하게 분류하였던 것뿐입니다.

아담 시대부터 인류는 청동과 철을 다루며 살았습니다.

성경에는 아담의 아들 가인의 6대손 두발가인이 구리와 쇠로 도구를 만들었다는 기록이 나와 있습니다.

> 창세기 4장 22절 "씰라는 두발가인을 낳았으니 그는 구리와 쇠로
> 여러 가지 기구를 만드는 자요 두발가인의 누이는 나아마였더라"

아담이 930살을 살았으므로 두발가인도 동시대 사람입니다.

따라서 아담 때는 청동기를 함께 사용한 철기시대라고 할 수 있겠습니다.

성경에 구석기나 신석기시대 기록이 없는 이유는 인류 역사에 구석기 와 신석기로 분류할 수 있는 시기가 없었기 때문입니다.

11 궁창 위의 물은
너무 높이 있어서 얼지 않았을까요?

창세기 1장 6절~7절 "하나님이 이르시되 물 가운데에 궁창이 있어
물과 물로 나뉘라 하시고 하나님이 궁창을 만드사 궁창 아래의 물과
궁창 위의 물로 나뉘게 하시니 그대로 되니라"

궁창 위의 물이 해수면으로부터 정확히 몇 m 위에 존재했었는지는 성
경 기록에 나와 있지 않으나 작은 입자 상태인 '수증기' 형태로 대류권 밖
에서 지구를 온실처럼 둘러싸고 있었던 것으로 보입니다.

우주 정거장이 약 400㎞ 높이에서 고온을 견디며 지구 궤도를 돌고 있
는 것을 보면 대류권 밖 어느 정도 높이에 있었는지는 알 수 없으나 노아
대홍수 때 지구에 물 상태로 쏟아져 내려왔었던 것을 봐도 얼지는 않았
을 것입니다.

Tip

대류권(對流圈, troposphere)은 대기권(大氣圈, atmosphere) 중에서 가장
낮은 위치에 있으며 공기의 농도가 높고 공기가 이동되고 있는 높이를 의미
한다.
적도, 중위도, 극지방 등 지점에 따라 차이가 크며 일반적으로 약 6㎞~18㎞ 높

이에 해당하는 것으로 본다.

우주 산업 측면에서는 높이 약 100㎞까지, 일반적으로는 약 1,000㎞까지를 대기권으로 분류는 하고 있으나 너무 높아 대기 질량은 미미하다.

12 창조를 믿었던
유명한 과학자들도 많은가요?

아인슈타인(Albert Einstein)

현대 과학자들 중에서 최고 레벨로 꼽히는 '상대성 이론(相對性理論, Theory of Relativity)'을 발견한 아인슈타인(Albert Einstein, 1879~1955), 세균학의 아버지라 불리는 파스퇴르(Louis Pasteur, 1822~1895), 토성의 고리 이론을 밝힌 우주 과학자 맥스웰(James Clerk Maxwell, FRS,

1831~1879), 생물학의 창시자 존 레이(John Ray, 1627~1705), 만유인력(萬有引力, universal gravitation)의 법칙을 발견한 뉴턴(Isaac Newton, 1643~1727), 해류 지도를 작성하여 해양학의 아버지로 불리고 있는 모리(Matthew Fontaine Maury, 1806~1873) 등을 포함하여 이루 헤아릴 수 없을 만큼 많은 과학자들이 창조론과 성경을 믿었고 그와 관련된 논문 발표나 출판된 책도 많습니다.

그럼에도 불구하고 오늘날 교과서에는 진화론만 실리는 등 창조론은 기독교 신앙 속 가설인 것으로 잘못 알려져 있는 상황입니다.

13 생명의 자연발생설이 틀렸다는 것을 밝혀낸 파스퇴르는 어떤 사람인가요?

루이 파스퇴르(Louis Pasteur)

루이 파스퇴르(Louis Pasteur, 1822~1895)는 프랑스의 화학자이자 미생물학자입니다.

지금 시대는 우유의 변질 원인이 작은 미생물의 작용 때문이라는 것을 상식으로 인식될 만큼 널리 알려져 있는 상황이지만 파스퇴르가 최초로 발견하기 전까지는 그러한 사실을 몰랐습니다.

그는 식료품의 맛과 영양을 신선하게 유지하는 방법으로서 서서히 가열하여 유해 미생물이 사라지게 하는 공정을 개발하였는데 파스퇴르의 이름을 따서 'Pasteurization(저온살균법)'이라고 명명되고 있습니다.

예를 들어 우유나 포도주의 경우 살균을 하기 위해 고온으로 가열할 경우 부패 원인균은 없앨 수 있겠지만 내포된 각종 영양소도 함께 파괴되는 문제점이 있었는데 저온살균을 하면 영양소를 최대한 살리면서도 박테리아나 곰팡이 등을 포함한 각종 병원균은 제거하여 장기간 보존할 수 있게 된 것입니다.

1861년 파스퇴르는 실험을 통하여 생명의 자연 발생이 있을 수 없음을 밝혔고 그의 저서 《자연발생설 비판》을 통하여 세상에 알렸습니다.

생명이 저절로 생겼다고 주장하는 진화론의 '자연발생설'을 뒤집는 과학적 사실을 루이 파스퇴르가 처음으로 밝혀낸 것이었습니다.

1. 파스퇴르는 당시 불치병으로 알려졌던 광견병에 대한 백신을 인류 최초로 개발하였다.
2. 파스퇴르 본인은 맥주를 즐기지 않았으나 맥주의 발효 과정에서 효모의 역할이 크다는 것을 연구를 통하여 처음으로 입증하였으며 양조의 화학적 진행 과정을 논문으로도 발표한 바 있다.

14 유신론적 진화론은 무엇이며 창조론과 어떤 차이가 있나요?

유신론적 진화론은 하나님이 천지를 창조하실 때 '진화'의 방법을 사용하셨다고 하는 기독교계 일각의 주장입니다.

따라서 진화론도 인정하고 창조론도 인정한다는 것입니다.

유신론적 진화론(有神論的 進化論, theistic evolution)을 주장하는 사람들마다 다르지만 성경을 문자 그대로 받아들여서는 안 된다고 하고 창세기가 하나님의 창조 방법을 기술한 책이 아니라고 하는 등 천지창조를 달리 해석하고자 하는 의도가 다분히 엿보입니다.

전지전능하신 하나님이 인간을 진화의 방법을 동원하여 창조하였다고 주장하는데 유신론적 진화론은 성경의 뿌리를 통째로 흔드는 매우 위험한 발상입니다.

또, 창조론이 개신교 교인 수 감소의 원인이라고도 주장하고 있는데 교인 수를 늘리는 데 초점을 두어 성경을 왜곡할 수는 없는 것입니다.

창세기 1장 26절~27절 "하나님이 이르시되 우리의 형상을 따라 우리의 모양대로 우리가 사람을 만들고 그들로 바다의 물고기와 하늘의 새와 가축과 온 땅과 땅에 기는 모든 것을 다스리게 하자 하시고 하나님이 자기 형상 곧 하나님의 형상대로 사람을 창조하시되 남자와 여자를 창조하시고"

마가복음 10장 6절 "창조 때로부터 사람을 남자와 여자로 지으셨으니"

창조론은 성경 기록을 근거로 하고 있으며 성경에는 분명하게 하나님이 처음부터 직접 인간을 창조하셨다고 되어 있습니다.

15 다중 격변론은 무엇을 주장하고 있나요?

운석

다중 격변론은 우주에서 날아온 운석이 지구와 충돌하면서 여러 번의 대격변이 일어났다는 가설입니다.

또, 하나님이 진화의 방법으로 만물의 창조와 멸종을 수십억 년 동안 반복하다가 아담을 창조하였으며 지구상의 마지막 대격변이 노아 대홍수라는 것입니다.

현재의 퇴적층은 노아 대홍수 때 만들어진 것이 아니라 장고한 세월 동안 미세하게 쌓여서 되었다는 진화론에서 주장하는 퇴적층의 형성 방법과 시기를 거의 대부분 인정하고 있으며 아담 이전에도 죽음이 있었다고 하는 등 성경의 창세 기록을 크게 왜곡하고 있습니다.

성경에는 우주에서 운석이 날아와서 동식물이 멸종했었다는 그 어떠한 직간접적 기록도 없습니다.

따라서 '다중 격변론'은 진화론을 인정하기 위해 타협한 이론이며 성경에 가설을 더해서 왜곡한 것입니다.

16 동성애 확산이 진화론과 어떤 관련이 있나요?

진화론에서는 사람이 동물에서부터 진화되었기 때문에 크게 보면 동물의 연장선상에 사람이 있다고 보고 있습니다.

이에 영향을 받은 사람들 중에 '사랑'이라는 감정을 느끼면 남녀 성별은 큰 관련이 없다는 논리를 펴면서 동성애에 빠져들고 세상에서 제도적으로나 사회적으로 동성애자를 차별하지 말도록 조직적인 운동을 하며 영향력을 행사하고 있는 상황입니다.

미국의 많은 주에서는 동성애자들끼리의 결혼을 합법화하고 있는 등 전 세계적으로 그 수가 늘어나고 있습니다.

우리나라도 예외는 아닙니다. '퀴어문화축제'라는 이름으로 매년 행사가 열리고 있는데 벌써 20년이 훌쩍 넘었으며 참가자 수도 점점 많아지는 추세입니다.

일각에서는 동성애 유전자에 의해 스스로도 어쩌지 못한다고 하는 학자들도 있지만 개인적 주장일 뿐 동성애 유전자가 따로 존재하지 않는다는 것이 과학자들의 보편적인 의견입니다.

　다만, 범죄 심리학적 측면에서 보면 범죄자들에게 범죄자적 성향이 있듯이 동성애자들에게도 동성애적 성향이 있는 것입니다. 이는 학습적 또는 경험적 요소들이 작용했기 때문이며 원래부터 동성애자인 사람은 없는 것입니다.

　기독교에서는 성경에 하나님이 남자와 여자를 그 역할에 맞게 창조하였다고 기록되어 있으므로 동성애를 이치에 역행하는 현상으로 여겨 반대하고 있습니다.

> 로마서 1장 26절~27절 "이 때문에 하나님께서 그들을 부끄러운 욕심에 내버려 두셨으니 곧 그들의 여자들도 순리대로 쓸 것을 바꾸어 역리로 쓰며 그와 같이 남자들도 순리대로 여자 쓰기를 버리고 서로 향하여 음욕이 불 일듯 하매 남자가 남자와 더불어 부끄러운 일을 행하여 그들의 그릇됨에 상당한 보응을 그들 자신이 받았느니라"

Tip

퀴어문화축제(Queer Culture Festival)는 거리 퍼레이드 방식의 성소수자(동성애자, 양성애자, 무성애자, 트랜스젠더 등을 포함한 성과 관련한 사회적 소수자) 행사이며 2000년 서울퀴어문화축제를 시작으로 부산, 인천, 대구, 전주 등 전국 주요 도시 위주로 해마다 개최되고 있다.

진화론은
또 하나의 믿음

17 우연히라도 단백질이 만들어진다면 생명체가 될 수 없는 건가요?

불가능한 얘기지만 만약에 자연 상태에서 단백질이 우연히 만들어졌다고 하더라도 물, 흙, 공기 중의 다른 화학물질들과 재결합될 수밖에 없기 때문에 결국은 소멸되었을 것입니다.

지구는 과학 실험실처럼 모든 외부 요소를 제거할 수 있는 환경이 아니기 때문입니다.

특히 효소들은 우연히 생겨났다고 하더라도 쉽게 분해되거나 파괴되기 때문에 생명체로 이어질 수가 없는 것입니다.

또, 단백질은 단순한 물질이 아닙니다. 탄소(C), 산소(O), 수소(H), 질소(N), 황(S) 등이 함유된 20여 종의 아미노산(aminoacid)이 결합되고 연결되어 있는 복잡한 화합물이기 때문에 우연히 만들어질 확률은 거의 없다고 보는 것이 더 합리적입니다.

Tip

단백질(蛋白質, protein)은 물 다음으로 생물체에 많이 분포하는 성분이며 세포의 원형질을 구성하는 주요 물질이기 때문에 대부분의 세포에 존재하고 있다.

18 산소가 있는 환경에서는
생명체가 발생할 수 없다는데 왜인가요?

산소는 지구상의 거의 모든 생명체가 생명을 유지하는 데에 필수적인 요소입니다.

진화론에서는 우연히 아미노산(amino acid)이 만들어지고 아미노산이 어우러져 단백질이 만들어졌으며 이후 원시세포(原始細胞, archaeocytes)를 거쳐 생명체로 진화했다고 주장하는데 만약 그 과정에서 주변에 산소가 있었다면 단백질과 같은 유기화합물이 만들어졌다고 가정하더라도 이내 산화되어 없어져 버렸을 것입니다.

거기에 대한 반론으로 생명체가 탄생할 초기에는 대기 중에 산소가 없었다고 하는데 이 또한 모순이 있습니다. 탄생한 생명체는 산소 없이 어떻게 유지되었을까요?

또, 지구 성층권 내부에 위치하고 있는 오존층은 산소에 의해 만들어지는 것인데 산소가 없었다면 오존층은 어떻게 만들어졌을까요?

태양으로부터의 강력한 자외선 때문에 만약 오존층이 지구를 둘러싸고 있지 않았다면 지구에 생명체가 존재할 수 없었을 것입니다.

　생명체가 저절로 만들어졌다는 진화론적 논리는 과학에 포함될 수 없
는 가설의 범주에 넣는 것이 더 합리적일 것입니다.

유기화합물(有機化合物, organic compound)은 탄소 원자가 포함되어 있는
화합물을 의미하며 탄소는 자기를 포함하여 주변의 다른 분자들과 안정적으
로 결합이 잘되는 특성을 가지고 있다.
대표적인 유기화합물로는 단백질, 지방, 탄수화물 등이 있으며, 일산화탄소, 이
산화탄소, 탄산 등은 무기 화합물에 속한다.

19 동물이 여러 종으로 분화가 되어 왔는데 이는 진화의 증거인가요?

생물분류 체계의 가장 하위에 해당하는 동물의 '종(species)'은 생활환경에 의해서 여러 가지로 나올 수 있습니다.

예를 들어 코요테, 개, 회색늑대는 DNA가 99.6% 일치하는 동일한 종입니다.

또, 진화론에서는 모든 종류의 생물들이 한 조상으로부터 생겨났다는 '진화 계통 나무'를 믿고 주장하는데 같은 종류 안에서는 여러 '종'이 파생되어 나올 수 있으나 다른 종류 즉, 새, 개구리, 고양이 등이 진화가 된다고 해서 다른 종류로 바뀌는 경우는 단 하나도 입증된 사실이 없습니다.

돌연변이도 마찬가지입니다. 돌연변이에 의해서 새롭고 유익한 유전정보가 만들어졌다는 그 어떠한 실험 성공 사례나 증거도 과학적으로 입증되지 않고 있습니다.

오히려 유전정보가 손실되어 더 안 좋은 상태로 변화될 뿐이었던 것입니다.

따라서 미생물에서 생물로, 생물에서 사람으로까지 진화했다는 주장은 전혀 과학적이지 않은 가설에 불과한 것입니다.

20 진화론이 멘델의 유전법칙과도 맞지 않는 이유는?

멘델(Gregor Johann Mendel, 1822~1884)은 오스트리아의 수도사 출신으로서 부모의 형질이 자녀에게 유전되는 것을 체계적으로 관찰하고 연구한 후 유전법칙을 1866년에 발표하여 현대 유전학의 아버지로 불리고 있습니다.

유전은 부모의 형질이 자녀에게 전해진다는 의미이고 형질은 사람의 경우 머리카락 색깔, 키, 피부색 등과 같이 개별 생물체의 특성을 의미합니다.

멘델의 유전법칙은 순종의 대립 형질을 서로 교배했을 경우 제1세대에서는 우성 형질만 나타나고 제2세대로 가면 1/4 비율로 열성 형질이 섞여서 나타난다는 것이 요지입니다.

여기서 중요한 것은 생명체의 형질이 자손에게 전해지는 것은 부모의 유전자라는 사실입니다.

진화론에서는 수백만 년 이상에 걸쳐서 무작위적인 돌연변이와 자연

선택이 다른 종류를 만들어낼 수 있다는 것인데 실험과학으로 증명된 '멘델의 유전법칙'에도 맞지 않는 것입니다.

진화론의 효시라는 다윈의 저서 《종의 기원》은 1859년에 나왔으므로 1866년에 발표된 멘델의 유전법칙을 모르고 있던 상태였을 것입니다.

과학은 발전하고 있고 새로운 사실은 연구자에 의해 계속 발견되고 있습니다.

21 북극곰이 극지방에서
흰색 긴 털로 살아남은 것도 진화일까요?

북극곰

북극곰은 긴 털로 극한 추위에서도 살아남을 수 있었고 흰색 털은 얼음 위에서 위장술을 발휘할 수 있었을 것입니다.

이는 자연환경에 적응하기 위한 '자연선택'의 일종으로서 다른 색의 털이나 짧은 털을 내게 하는 유전자를 잃어버린 결과이기도 합니다.

즉, 생존을 위해 자연환경에 적응해 나가는 과정에서 다양한 털 색깔과 길이를 낼 수 있었던 유전정보를 잃어버린 결과 긴 털만 생기는 유전정보가 대대로 전해진 것으로 이해하는 것이 맞습니다.

'자연선택'은 생물이 멸종되지 않도록 도와주는 방법이며 진화의 결과로 볼 수는 없습니다.

북극곰(Polar Bear)은 북극 지방에 서식한다고 해서 붙여진 이름이며 곰 중에서 덩치가 가장 크다.
북극에는 식물이 아주 드물기 때문에 북극곰은 잡식성이지만 대부분 육식을 하며 다른 곰에 비해서도 송곳니가 크고 어금니도 육식에 용이하도록 뾰족한 모양을 한 것이 특징이다.

22 아담이 초식을 했다는데 사람에게 송곳니는 왜 있는 것인가요?

송곳니

진화론 관점에서 보면 동물은 필요에 의해서 기관이 조금씩 변화되어 가는데 아담이 창조되었다면 초식을 했을 텐데 송곳니가 필요 있었겠느냐고 의문을 제기하는 사람이 간혹 있습니다.

자연환경의 변화로 인간의 유전적 변화가 일어나 송곳니가 발달되었을 수도 있고 하나님이 인간의 범죄를 미리 알고 있었기 때문에 향후 육식을 위하여 창조 때부터 송곳니도 만들어 놓았을 수도 있었을 것입니다.

초식을 했더라도 단단한 열매의 껍질을 벗기거나 자를 때 송곳니는 유용하게 사용되고 의학적으로도 양쪽 송곳니는 얼굴의 균형을 지탱하는 큰 역할을 한다고도 합니다.

23 사람의 꼬리뼈가 진화의 흔적인가요?

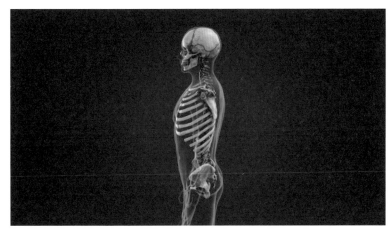
사람 꼬리뼈

　사람의 꼬리뼈가 진화 과정에서 더 이상 쓸모가 없어 흔적만 남아 있게 되었다고 잘못 생각하고 있는 사람들이 많으며 특히 진화 과학자들 중 상당수가 그렇게 주장하고 있기도 합니다.

　꼬리뼈에는 여러 가지 근육들이 붙어 있어 골반의 기저부를 형성하고 있고 우리의 인체 구조에 있어서 매우 중요한 역할을 담당하고 있습니다.

우리 인간이 앉고 서고 걷는 데 있어서 꼬리뼈와 거기에 붙어 있는 근육들이 없을 경우 균형을 잡기 힘들고 매우 부자연스럽고 척추에 무리가 많이 갑니다.

또, 인간의 배변 활동에 도움을 주고 임산부가 출산할 때도 꼬리뼈에 붙은 근육들이 큰 역할을 합니다.

따라서 꼬리뼈는 진화의 흔적이 아닌 인간이 창조될 때부터 그 기능이 정해져 있었던 것입니다.

백인이 아프리카에서
수백 년을 대를 이어 살면 흑인이 될까요?

백인과 흑인의 피부색

　피부색은 멜라닌 색소를 만드는 우리 피부의 표피와 진피 사이에 존재하는 멜라노좀의 양에 따라 결정되는 것이므로 백인들이 더운 아프리카에서 오래 살았다고 해서 원주민의 생김새와 같은 흑인이 되는 것은 아닙니다.

　물론 흑인 원주민과의 결혼 등으로 유전 정보가 섞였을 경우에는 확률적으로 원주민의 생김새를 닮은 흑인 자녀가 나올 수는 있습니다.

하지만, 백인들만이 아프리카에 대를 이어 살았다고 해서 현 원주민 모습의 흑인이 되지는 않습니다.

피부색은 많이 검어질 수 있겠으나 생김새는 기존 백인과 닮은 모습일 것입니다.

이는 유전적 정보에 의해서 피부색이 결정되기 때문입니다.

25 기린의 목은
어떻게 길어졌을까요?

기린

　진화론에서는 기린의 목이 나무 높이 달린 열매를 먹으려고 하다 보니 점점 길어졌다고 합니다.

　하지만, 기린이 어떤 동물에서부터 어떤 과정을 거쳐 지금의 긴 목을 가진 기린으로 진화되었는지에 대해서는 전 세계 어느 과학자도 근거를 찾지 못했습니다.

다윈은 기린의 다리와 목이 자연에서 생존하기 위해 유리한 형질로 변화되어 왔고 현재의 모습으로 진화된 것이라고 주장했는데 지금까지 기린의 진화 과정을 설명할 수 있는 중간단계 화석은 전혀 없는 상황입니다.

기린은 단순히 형태의 진화만을 논하기에는 너무나도 놀라운 구조를 가지고 있습니다.

높은 나무의 잎이나 열매를 먹기 위해서는 긴 다리와 긴 목이 필요하지만 물을 먹기 위해서는 높은 곳에 위치해 있는 머리를 발 근처 바닥에까지 내려야 합니다.

사람은 물론이고 보통 동물들의 경우 그 정도 높은 곳에 머리를 두고 살다가 갑자기 바닥 근처로 머리를 내리면 엄청난 혈압으로 고통을 느끼거나 혈관이 버티기 어렵게 됩니다.

하지만 기린은 물을 먹기 위해 머리를 내릴 때 앞다리를 양옆으로 벌려서 머리와 심장의 높이 간격을 줄임으로써 뇌에 가해지는 혈압을 줄여주고 목의 정맥에 밸브 역할을 하는 기관이 있어 혈액을 상당 부분 차단하도록 되어 있습니다.

기린은 태초에 기린의 특성에 맞게 지금과 같이 긴 목으로 창조되었던 것입니다.

26 방사성 동위원소 연대 측정법이란 무엇이며 그 측정값은 정확한가요?

방사성 동위원소 연대 측정(radioisotope dating)법은 방사성을 가지고 있는 원소들이 붕괴될 때 즉, 다른 원소로 변할 때의 특징을 이용하여 얼마나 오래되었는가를 측정하는 방법입니다.

탄소-질소 연대 측정법, 칼륨-아르곤 연대 측정법, 우라늄-납 연대 측정법 등을 포함하여 여러 가지가 사용되고 있으나 탄소-질소 연대 측정법의 경우 탄소의 동위원소인 C-14의 반감기가 5,730년으로서 너무 빨리 붕괴되는 특징이 있어 5만 년 이상 된 시료에는 수치가 매우 적기 때문에 사용할 수 없습니다.

무엇보다도 방사성 동위원소 연대 측정법 자체가, 해당 시료에 초깃값이 얼마였는가를 알 수 없기 때문에 측정을 한다고 해도 신뢰할 수 있는 값을 얻기 어렵습니다.

이때 반감기란 특정 원소가 절반으로 줄어드는 데 걸리는 시간을 의미합니다.

칼륨(K)-아르곤(Ar) 연대 측정법은 1960년에 개발되었으며 칼륨-40번과 붕괴된 아르곤-40번을 이용한 것입니다.

이 방법은 초기 암석에 자원소가 전혀 없을 때만 사용할 수 있으며 아르곤-40번이 불활성 가스이기 때문에 열이 다른 원소와의 화학적 반응 없이 암석으로부터 쉽게 빠져나가고 암석이 용융 상태일 때 아르곤-40은 방사성 붕괴 과정으로 액체 용암에서 공기 중으로 빠져나갑니다.

하지만 이 방법으로 암석의 연대를 측정해 본 결과 수천 배의 오차, 많게는 수만 배의 연대 측정 오차가 발생하는 것이 너무 많이 나와서 신뢰를 잃어버린 지 오래입니다.

우라늄-납 연대 측정법도 초기에 납이 하나도 없다는 것을 전제로 하고 있기 때문에 측정 결괏값이 맞을 수가 없는 것입니다.

27 우라늄-납 연대 측정법이 있던데 지구 초기에 납은 없었나요?

방사성 동위원소 측정법은 우라늄(원소기호 : U)이 납(원소기호 : Pb)으로 변하는 기간으로 연대를 측정하는 방법을 의미합니다.

방사성 물질의 양이 절반으로 줄어드는 기간을 '반감기'라고 하는데 진화론에서는 이렇게 측정된 값을 근거로 지구의 나이를 45억 년이라고 주장하고 있습니다.

이때 우라늄을 '모원소'라고 하고 납을 '자원소'라고 하며 초기에 우라늄만 있었고 납은 없었다는 것을 전제로 하고 있는데 납이 아주 일부라도 있었다면 현재 측정하는 값은 틀릴 수밖에 없습니다.

초깃값을 얼마로 해야 하는지에 대해서는 과학자들 사이에서도 명확하게 답하는 사람이 없는 상황입니다.

따라서 가정에 의한 연대 측정법입니다.

동위원소(同位元素, Isotope)는 원자핵의 양성자 수는 같으나 중성자 수가 달라서 질량이 서로 다른 원소들을 의미하며 동위원소들끼리는 서로 비슷한 화학적 성질을 가진다.

원자핵은 양성자와 중성자가 핵력에 의하여 결합되어 있는데 양성자끼리는 서로 밀어내는 성질이 있으며 중성자는 밀어내는 힘이 없고 양성자가 원자핵에 결합되게 하는 역할을 한다.

노아의 방주

28 노아의 방주 크기는 어느 정도였나요?

노아의 방주

노아는 방주를 하나님이 정해 주신 대로 제작하였습니다.

창세기 6장 15절~16절 "네가 만들 방주는 이러하니 그 길이는 삼백 규빗, 너비는 오십 규빗, 높이는 삼십 규빗이라 거기에 창을 내되 위에서부터 한 규빗에 내고 그 문은 옆으로 내고 상 중 하 삼층으로 할지니라"

여기에서 규빗(cubit)은 당시 중동지역에서 사용되던 길이의 단위였으며 1규빗은 일반적으로 사람의 중지 끝부터 팔꿈치 끝까지의 길이인 약 45㎝ 정도로 인식되고 있는데 대홍수 이전에는 지구의 환경이 비교할 수 없었을 만큼 좋았고 인간의 신체적 건강도 훨씬 좋았을 것이기 때문에 1규빗이 그보다 훨씬 더 길었을 가능성이 높습니다.

노아 대홍수 이후에는 인간의 생활환경이 급격하게 열악해졌음을 성경 기록을 통해 알 수 있습니다.

창세기 8장 22절 "땅이 있을 동안에는 심음과 거둠과 추위와 더위와 여름과 겨울과 낮과 밤이 쉬지 아니하리라"

편의상 1규빗을 45㎝라고 가정한다면 방주의 길이는 135m, 너비는 22.5m, 높이는 13.5m이고, 바닥 면적은 3,037㎡, 부피는 약 41,006㎥입니다.

만약 1규빗을 60㎝라고 가정한다면 방주의 길이는 180m, 너비는 30m, 높이는 18m이고, 바닥 면적은 5,400㎡, 부피는 97,200㎥이므로 1규빗을 45㎝라고 가정했을 때보다 바닥 면적은 약 1.8배, 부피는 약 2.37배인 것으로 나옵니다.

따라서 방주의 크기는 일반적으로 인식하고 있는 것보다 더 거대했을 것으로 보입니다.

29 노아는 어떻게 그 큰 방주를 만들 수 있었을까요?

성경에 보면 노아 시대는 구리와 쇠로 여러 가지 기구를 만들 수 있었고 농사를 짓고 가축을 기르며 수금과 퉁소 등과 같이 악기를 다룰 수 있을 정도로 능력이 발달되어 있었음을 알 수 있습니다.

BC 수천 년 전에 살았던 사람이 어떻게 노아의 방주와 같이 초대형 배를 만들 수 있었는지 의문을 품을 수도 있겠지만 충분히 가능한 일이었습니다.

창세기 4장 2절 "그가 또 가인의 아우 아벨을 낳았는데 아벨은 양 치는 자였고 가인은 농사하는 자였더라"

창세기 4장 20절 "아다는 야발을 낳았으니 그는 장막에 거주하며 가축을 치는 자의 조상이 되었고"

창세기 4장 21절 "그의 아우의 이름은 유발이니 그는 수금과 퉁소를 잡는 모든 자의 조상이 되었으며"

창세기 4장 22일 "씰라는 두발가인을 낳았으니 그는 구리와 쇠로
여러 가지 기구를 만드는 자요 두발가인의 누이는 나아마였더라"

노아 대홍수가 끝난 지 그리 오래되지 않은 시대에 이집트인들은 문자
로 기록도 남기고 대리석을 잘라 피라미드도 건설했지 않았던가요?

방주는 단기간이 아닌 수십 년 이상의 긴 기간 동안 준비하여 작업한
결과물입니다.

또, 방주에 승선했었던 8명이 만들기에는 너무 배가 크다고 생각할 수
있겠지만 성경에는 8명만이 제작에 참여했다고 기록되어 있지는 않습
니다. 임금을 지불하고 다른 사람의 노동력을 활용했을 가능성이 있었
음도 짐작할 수 있습니다.

30 방주와 같은 큰 배의 방수를 어떻게 해결했을까요?

배는 기본적으로 방수(防水, waterproofing)가 매우 중요한데 그 시대에 방주와 같은 큰 배의 방수를 과연 할 수 있었을까? 하는 의문은 누구한테나 쉽게 생길 수 있습니다.

성경에는 역청을 칠하여 방수를 한 것으로 나옵니다.

> 창세기 6장 14절 "너는 고페르 나무로 너를 위하여 방주를 만들되 그 안에 칸들을 막고 역청을 그 안팎에 칠하라"

역청(瀝青, pitch)은 흔히 볼 수 있는 아스팔트 도로를 건설할 때 사용하는 끈적이는 검은 물질과 비슷한 것을 의미하며 석유를 정제하고 남은 물질로 만들거나 석탄을 가열하여 만들 수 있습니다.

하지만 인류는 석유나 석탄 산업이 발달하기 이전부터 역청을 배 만들 때 필수적으로 사용했었습니다.

역청은 나무를 가열했을 때도 기름처럼 아래로 떨어지기 때문에 자작

나무나 성경에 여러 차례 나오는 코페르(kopher)나무 등에서 역청을 구했을 것으로 보입니다.

노아 홍수 때에는 나무의 크기가 오늘날보다 훨씬 크고 양도 많았을 것입니다. 지구의 환경이 홍수 후부터 급격하게 나빠졌기 때문입니다.

창세기 8장 22절 "땅이 있을 동안에는 심음과 거둠과 추위와 더위와 여름과 겨울과 낮과 밤이 쉬지 아니하리라"

따라서 노아의 방주는 울창한 숲의 나무들을 이용하여 만들 수 있었고 역청으로 방수도 빈틈없이 할 수 있었을 것입니다.

31 노아의 방주에 어떻게 그 많은 동물들을 종류별로 다 태울 수 있었을까요?

방주와 동물들

하나님은 노아에게 방주에 모든 종류의 동물들을 다 태우라고 하지 않으셨습니다.

바다 동물 일부는 물에서 살아남았을 것이고 양서류와 곤충들 일부도

물 위를 떠다니는 엄청난 양의 나뭇조각들을 매트 삼아 거기서 살아남았을 것입니다.

또 성경에서 말하는 종류(kind)는 오늘날의 종(species)보다 훨씬 더 범위가 넓었을 것으로 보입니다.

예를 들면 고양잇과에 속하는 종류에 사자, 표범, 치타, 고양이, 호랑이 등이 있듯이 홍수 이후에 더 작은 종류들로 나누어졌을 것입니다.

> 창세기 6장 19절 "혈육 있는 모든 생물을 너는 각기 암수 한 쌍씩 방주로 이끌어 들여 너와 함께 생명을 보존하게 하되"

> 창세기 6장 20절 "새가 그 종류대로, 가축이 그 종류대로, 땅에 기는 모든 것이 그 종류대로 각기 둘씩 네게로 나아오리니 그 생명을 보존하게 하라"

하나님이 노아의 방주에 동물들을 태운 이유가 종류대로 생명을 보존하기 위한 것이었기 때문에 덩치가 크지 않은 어린 동물들이 주로 탔을 수도 있을 것입니다.

사자를 생물분류 체계로 보면, "동물계 → 척삭동물문 → 포유강 → 식육목 → 고양잇과 → 표범속 → 사자"로 분류할 수 있으며, '사자'는 가장 세부 단계인 종(species)이다.

32 노아의 방주가 어떻게 긴 기간 대홍수를 견딜 수 있었을까요?

한국창조과학회가 의뢰하고 1993년 우리나라 국가공인기관인 해사기술연구소에서 수행된 노아의 방주(方舟) 안전성 실험에 의하면 방주가 구조적인 측면에서 높은 파도에도 가장 안정적으로 견딜 수 있도록 설계되어 있는 것으로 나타났습니다.

이는 특정 방향으로 나아가기 위한 노(櫓), 조향(操向) 장치, 돛 등이 없고 그냥 물에 떠 있는 용도였다는 점이 플러스 요인으로 작용했다고 하며 길이, 너비, 높이의 비율 또한 매우 적합하게 설계되었다는 연구 결과가 나왔습니다.

또, 다른 모형배들과 비교 실험한 후 조선공학적인 관점에서 수치해석 결과 선형의 높이가 같은 경우에는 노아의 방주가 가장 최적의 복원 안정성을 주는 것으로 판명되었다고 합니다.

방주 안에 탄 많은 동물들로 인하여 선체의 무게가 엄청났을 것이기 때문에 상하좌우 요동 폭도 적었을 것이고, 과학적 설계 비율로 세찬 비바람과 높은 파도에도 잘 견딜 수 있도록 제작되었던 것입니다.

Tip 🖋

'해사기술연구소'는 국가공인기관 및 정부 출연연구소이며 지금은 한국해양
과학기술원 부설인 선박해양플랜트연구소(kriso.re.kr)로 확대 개편되어 연구
활동을 이어가고 있다.

33 8명이 어떻게 동물들의 먹이 충당과 배설물 처리를 감당할 수 있었을까요?

창세기 6장 21절 "너는 먹을 모든 양식을 네게로 가져다가 저축하라 이것이 너와 그들의 먹을 것이 되리라"

성경에 나와 있듯이 노아 가족들과 동물들의 먹을 양식을 미리 준비했으며 아마도 보관을 위하여 말린 음식 중심이었을 것이고 물은 홍수 기간 동안 내린 빗물을 모아서 먹고 사용했을 것입니다.

나뭇조각과 톱밥 등을 이용하여 내부의 습기를 흡수하도록 할 수 있었겠고 배설물은 바닥 경사를 통하여 한곳에 모이도록 한 후 외부로 방출했을 것으로 보입니다.

또, 동물들이 내뿜는 가스는 상층부 창문들을 통하여 빠져나갔을 것이며 방주 측면에는 창이 없어 방주 안이 주야로 깜깜했을 것이므로 동물들이 긴 동면을 했을 가능성이 높습니다. 동물들이 동면 상태에서는 에너지 소비도 급격히 적어져 음식물 취식이나 배설물의 양도 아주 적었을 것입니다.

34 공룡도 방주에 태웠나요?

공룡들

공룡도 하나님의 피조물이기 때문에 당연히 방주에 있었고 오늘날 발견되는 각종 공룡 화석들이 이를 증명하고 있습니다.

화석은 노아 대홍수 이후에 만들어졌기 때문입니다.

창세기 6장 19절 "혈육 있는 모든 생물을 너는 각기 암수 한 쌍씩 방주로 이끌어 들여 너와 함께 생명을 보존하게 하되"

노아는 공룡들과 같은 시대에 살았으며 다만, 방주에 동물들을 태운 목적이 '생명 보존'이었기 때문에 덩치가 큰 공룡들이 아닌 작고 어린 공룡들이 탔을 가능성이 높습니다.

**육식동물들끼리 방주 내에서
서로 잡아먹는 일은 없었나요?**

성경을 보면 모든 동물은 식물을 먹도록 창조되었다는 것을 알 수 있습니다.

> 창세기 1장 29절 "하나님이 이르시되 내가 온 지면의 씨 맺는 모든 채소와 씨 가진 열매 맺는 모든 나무를 너희에게 주노니 너희의 먹을거리가 되리라"

> 창세기 1장 30절 "또 땅의 모든 짐승과 하늘의 모든 새와 생명이 있어 땅에 기는 모든 것에게는 내가 모든 푸른 풀을 먹을거리로 주노라 하시니 그대로 되니라"

동물들의 육식이 홍수 후에 시작되었다고 본다면 이것은 아무런 문제가 되지 않습니다.

36 방주에 동물들로 인하여 발열량이 많았을 텐데요?

동물들로 인한 열과 가스는 최상층부의 창문으로 빨려 올려 나갔을 것입니다. 이는 굴뚝이 내부의 온도가 외부보다 높을 때 공기를 외부로 빨아내는 원리와도 같습니다.

> 창세기 6장 15절~16절 "네가 만들 방주는 이러하니 그 길이는 삼백 규빗, 너비는 오십 규빗, 높이는 삼십 규빗이라 거기에 창을 내되 위에서부터 한 규빗에 내고 그 문은 옆으로 내고 상 중 하 삼층으로 할 지니라"

예를 들어 추운 겨울철 고층 건물의 최상층부 계단이나 엘리베이터 입구에 서 있으면 바람이 부는 것을 느낄 수 있는데 이는 건물 하층부 내부에서 데워진 공기가 상대적으로 낮은 온도인 최상층부 계단실이나 엘리베이터 공간으로 이동하는 현상입니다.

이때 외부로 연결된 창이나 문이 개방되어 있을 경우 바람의 강도는 높아지며 내부 공기가 빠르게 외부로 나가게 됩니다.

더구나 방주에 탄 동물들은 깜깜한 내부 공간에서 대부분 동면 상태로 지냈기 때문에 체온은 훨씬 더 떨어진 상태였을 것이고 그만큼 발열량도 최소화되었겠지요?

대홍수

37 노아 때 대홍수는 전 지구적인 홍수였던가요?

대홍수

아라랏산(Mount Ararat)

진화론을 주장하는 학자들 중 일부는 노아 때의 대홍수가 과거 중동지역에 한정되어 발생한 홍수였기 때문에 전 지구적인 대격변은 없었다고 주장하고 있습니다.

하지만 성경에는 노아 대홍수가 전 지구적으로 일어났다고 기록되어 있습니다.

> 창세기 7장 19절 "물이 땅에 더욱 넘치매 천하의 높은 산이 다 잠겼더니"

어느 한곳의 높은 산이 땅에 잠기면 그보다 낮은 다른 산도 잠길 수밖에 없습니다. 물의 높이는 지구상 어디에서나 같기 때문입니다.

> 창세기 8장 4절 "일곱째 달 곧 그달 열이렛날에 방주가 아라랏산에 머물렀으며"

만약 노아 대홍수가 중동(中東, Middle East) 지역에만 국한된 홍수였다면 노아의 방주가 '아라랏산'에 머물렀다는 성경 구절과 배치됩니다.

지역적 홍수였다면 물이 물러날 때 방주는 낮은 지대 어느 곳에 정박되었을 것입니다.

아라랏산(Mount Ararat)은 튀르키예(Türkiye, 터키) 동부의 해발 5,137m

나 되는 아주 높은 산입니다.

위치도 내륙 깊숙이 자리하고 있기 때문에 방주가 아라랏산에 머물렀다는 의미는 전 지구적인 대홍수일 수밖에 없습니다.

또, 오늘날 전 세계적으로 고지대에서 조개 화석들이 고르게 발견되고 있는 점, 거대한 퇴적 지층들이 대륙을 횡단하며 수천 ㎞에 걸쳐 분포하고 있는 점, 대륙 깊숙이 모래와 자갈 퇴적층이 발견되고 있는 점 등을 보면 특정 지역에서만 발생한 홍수라고 보기에는 무리가 있습니다.

특히, 세계 최대의 퇴적 지층으로 알려져 있는 미국 그랜드 캐니언(Grand Canyon National Park)의 지층에서는 너무나도 흔하게 바다생물 화석들을 볼 수 있으며 세계 최고의 산맥인 히말라야산맥에서도 조개 화석 등이 수없이 발견되고 있습니다.

그랜드 캐니언의 타핏 사암층(Tapeats Sandstone)의 경우 미국뿐만 아니라 캐나다에 이르기까지 매우 광범위한 퇴적층을 이루고 있는 것을 볼 수 있는데 이는 거대하고 격변적인 요인에 의해 매우 빠르게 퇴적되었음을 짐작할 수 있습니다.

따라서 퇴적층을 봐도 노아 대홍수가 중동지역에만 국한된 것이 아니었음을 알 수 있듯이 전 지구적으로 동시에 일어난 사건 맞습니다.

38 대홍수의 사실 여부가 왜 중요할까요?

노아 대홍수 이후에 큰 물이 물러나면서 육지가 드러났고 빙하시대를 거치면서 오늘날의 지형이 형성되었습니다.

지구 곳곳에 형성되어 있는 퇴적층과 수많은 화석들 거의 대부분이 그 시기에 생긴 것입니다.

하지만, 퇴적층이 쌓이는 과정, 화석의 형성 과정, 화석 연대 측정 등에서 논리적 오류와 측정값의 오류가 너무 많이 드러나고 있는 상황임에도 불구하고 진화론은 인류 사회의 많은 분야에서 지배적인 관념으로 자리 잡고 있습니다.

19세기 찰스 라이엘이 《지질학의 원리》라는 책을 통하여 주장한 '동일과정설'과 찰스 다윈이 《종의 기원》이라는 책을 통하여 주장한 '진화론'이 전 세계에 영향을 미쳐 오늘날 과학 교과서가 진화론 내용으로 가득 차 있는 등 주류 과학으로 확산되어 있는 상황인데 전 지구적으로 발생했던 노아 대홍수가 사실이라면 '동일과정설'과 '진화론'은 기각됩니다.

진화론을 주장하는 사람들이 성경과 창조론을 부정하는 이유가 바로 여기에 있는 것입니다.

39 대홍수 때 그 많은 물은 어디에서 왔는가요?

창세기 7장 11절~12절 "노아가 육백세 되던 해 둘째 달 곧 그달 열이렛날이라 그날에 큰 깊음의 샘들이 터지며 하늘의 창문들이 열려 사십 주야를 비가 땅에 쏟아졌더라"

지질학자들이 지각 깊은 곳의 암석들 사이에 현재 바닷물의 양보다 훨씬 많은 물이 암석 형태로 존재하고 있다는 것을 발견했는데 화산 폭발과 함께 암석이 녹으면서 지각 아래의 그 물이 육지로 솟아났던 것입니다.

또, 창세기 1장 7절 "하나님이 궁창을 만드사 궁창 아래의 물과 궁창 위의 물로 나뉘게 하시니 그대로 되니라"라고 나와 있는데 노아 대홍수 때 그 궁창 위의 물이 지구로 쏟아져 내렸다는 것입니다.

궁창 위의 물에 대해서는 물이 지구 대기권 외부를 덮고 있었을 것이라든가 물방울이나 수증기 형태일 수도 있다는 것 등 성경학자들 사이에서도 다양한 의견이 있는데 어떤 형태든 지각 아래의 물과 궁창 위의 물이 동시에 땅으로 쏟아짐으로써 노아 대홍수가 일어났던 것입니다.

Tip

궁창(穹蒼)은 '하늘의 창문'이라는 뜻으로 성경 번역본에 따라 '창공', '하늘 공간', '넓은 공간' 등으로 번역된 것도 있다. 그냥 '하늘'이라고 해석해도 무방하다.

40 대홍수 때 세계 최고 높은 산인 에베레스트산도 물에 잠겼나요?

에베레스트산(Mount Everest)

노아 대홍수 때 물이 수치적으로 해발 몇 m까지 높아졌는지는 성경에 구체적으로 나와 있지 않습니다.

창세기 7장 19절~20절 "물이 땅에 더욱 넘치매 천하의 높은 산이 다 잠겼더니 물이 불어서 십오 규빗이나 오르니 산들이 잠긴지라" 에서 보듯이 모든 산들이 물에 잠긴 것으로 나와 있습니다.

노아 대홍수 때의 물이 지면에서 물러나면서 대륙의 이동과 수직적 구조운동이 일어났으므로 에베레스트산을 포함하여 많은 산들이 융기되어 이전보다 훨씬 더 높아져서 지금의 높이로 되었습니다.

즉, 노아 대홍수 이전에는 수천 m 높이에 이르는 고산들은 매우 적었을 것으로 추정됩니다.

에베레스트산(Mount Everest)은 높이가 해발 8,848m에 달하며 중국 티베트와 네팔 사이에 위치한 세계에서 가장 높은 산이다.

41 히말라야산맥은 어떻게 만들어졌나요?

히말라야산맥의 형성 과정은 진화론과 창조론에서 형성 시기 등을 포함하여 여러 부분에서 서로 다른 주장을 하고 있으나 과거 대륙이 지금과 다른 구성을 하고 있었던 때 인도판이 이동하여 유라시아판과 부딪히면서 생긴 것에는 공통된 견해를 가지고 있습니다.

창조과학에서는 불과 수천 년 전 노아의 홍수 때 전 지구적 대격변이 일어났고 그때 인도판이 유라시아판과 가까워지면서 그사이 바다에 퇴적층이 많이 쌓일 수 있는 움푹한 지형이 만들어졌을 것이고 이후 충돌하면서 퇴적층들이 지상으로 솟구친 것으로 보고 있습니다.

그래서 퇴적층이 굽은 모양을 하고 있는 습곡도 생긴 것입니다.

진화론의 주장대로 만약 장구한 세월 동안 퇴적층이 쌓이고 쌓인 것이라면 딱딱하게 굳어진 상태였을 것이므로 히말라야산맥에서 많이 볼 수 있는 매끈한 선을 가진 습곡들에 대한 설명은 쉽지 않을 것입니다.

42 대홍수 때 높은 바닷물 온도에 물고기들이 생존 가능했을까요?

대홍수 기간에는 해저 화산 폭발에 의한 용암 분출 등으로 바닷물 표면 온도가 평균 30도에서 40도 정도 되었을 것으로 추정되며 오늘날 바닷물 표면 온도가 평균 21도 정도인 것과 큰 차이가 나는 것만은 사실입니다.

많은 종류의 물고기들은 수온이 다소 높아도 활동의 행태나 범위의 변화는 있어도 어느 정도까지는 죽지 않고 상당 기간 견딜 수 있는 것으로 알려져 있고 그 당시에 모든 곳의 바닷물 온도가 높았던 것은 아니고 해저 화산 폭발 지점에서 멀리 떨어져 있던 곳은 상대적으로 온도가 낮았을 것입니다.

바닷물 표면과 가까운 곳은 바람의 영향으로 인하여 바닷물 평균 온도보다 낮았으므로 많은 물고기가 죽었겠지만 위치에 따라 모두 죽은 것은 아니었을 것이므로 살아남은 일부 물고기들에 의해 번식은 가능했을 것입니다.

43 대홍수 때 바닷물과 섞였을 것인데 민물고기는 어떻게 살아남았을까요?

철갑상어

바닷물이 지면을 덮으면 염도 때문에 민물고기가 살아남기 어려웠을 것이라는 의문이 들 수 있습니다.

해저 화산의 폭발, 높아진 수온, 높아진 염도 등의 영향으로 많은 민물 고기는 살아남지 못했을 것이지만 일부는 살아남았을 것입니다.

왜냐하면 홍수 중 바닷물의 염분 농도는 깊은 곳이 가장 높았을 것이고 그다음은 중간 부분이고 바다 표면 근처는 물의 양이 대폭 증가함에 따라 농도가 매우 낮았을 것이기 때문입니다.

홍수가 1년여 지속되었기 때문에 일부 물고기들은 염분이 낮은 표면 근처에서 적응해 나가며 생명을 보존했을 것이고 내륙 중에는 바닷물과 덜 섞이면서 고립된 지역들도 많았을 것이며 비는 담수이기 때문에 낮은 염도가 유지되는 데 도움이 되었을 것입니다.

어떤 물고기는 민물과 바닷물을 오가면서 사는 종류들도 있습니다. 연어, 줄무늬 농어, 철갑상어 등이 그렇습니다. 장어의 경우는 바다에서 태어나 민물에서 자랍니다.

44 대홍수 때 식물들은 어떻게 살아남았을까요?

창세기 8장 11절 "저녁때에 비둘기가 그에게로 돌아왔는데 그 입에 감람나무 새 잎사귀가 있는지라 이에 노아가 땅에 물이 줄어든 줄을 알았으며"

식물의 씨앗은 생명력이 강합니다. 다소 열악한 환경에서도 잘 견딜 수 있게 되어 있으며 대홍수로 물의 양이 많아짐에 따라 바닷물 상층부의 염도가 매우 낮은 상태에서 물 위를 떠다니던 엄청난 나무 매트 위에서 살아남았을 가능성이 높습니다.

그 당시는 지금보다 식물의 종 분화, 돌연변이, 유전적 퇴보 등이 훨씬 덜 발생해서 유전적으로나 물리적으로 강인했기 때문에 극한 환경에 더 잘 견딜 수 있었을 것입니다.

또, 아담의 첫아들 가인이 농사를 지었듯이 노아의 가족들도 농사를 지었으므로 곡물의 씨앗 등은 미리 잘 보관해 놓을 수도 있었을 것으로 보입니다.

창세기 4장 2절 "그가 또 가인의 아우 아벨을 낳았는데 아벨은 양 치는 자였고 가인은 농사하는 자였더라"

창세기 9장 20절 "노아가 농사를 시작하여 포도나무를 심었더니"

그 외에도 노아 대홍수 때 식물들은 여러 가지 방법으로 그 씨앗이 보존되었다고 볼 수 있습니다.

45 대홍수 후에 물은 다 어디로 물러갔나요?

창세기 8장 3절 "물이 땅에서 물러가고 점점 물러가서 백오십 일 후에 줄어들고"

창세기 8장 14절 "둘째 달 스무이렛날에 땅이 말랐더라"

대홍수로 인하여 지표면은 상승하였고 해저는 깊어졌습니다.

노아 대홍수 기간 동안에 엄청난 지진과 더불어 지각이 상하로 요동치며 산들이 높이 융기되었고 많은 홍수 물이 지표면으로부터 물러나면서 골짜기와 계곡과 강들이 생겨났던 것입니다.

홍수물이 물러난 곳은 대부분이 바다이고 그 외에도 호수, 크고 작은 강, 지표면 위와 아래, 빙하 등입니다.

바닷속 깊은 지형 중에는 해구(海溝, oceanic trench)와 해저협곡(海底峽谷, submarine canyons)이 있는데 각기 다른 형태를 이루고 있습니다.

해구는 필리핀 동쪽과 일본 남쪽 먼바다에 위치한 마리아나 해구(Mariana trench)가 가장 깊은데 길이가 2,550㎞ 이상이고 평균 너비가 69㎞ 정도이며 최대 깊이가 11,034m 정도로 많은 용량의 바닷물을 품고 있습니다.

해저협곡은 알래스카 서남부 알류샨 열도 근처에 위치한 베링 협곡(Bering Canyon)이 가장 큰 규모인데 총 길이가 약 500㎞(해안 선상지 포함)입니다.

해구의 경우 보통 심해에서 대륙의 해안선과 같은 방향으로 평행하게 뻗어 있는 데에 반해 해저협곡들은 해안선과 수직 방향을 이루면서 주로 대륙붕을 통하여 심해로 바닷물이 흘러내려간 형태로 되어 있는 곳이 대부분입니다.

이렇듯 바다에는 엄청난 물이 저장되어 있으며 이 모든 것이 대홍수의 증거입니다.

또, 북극과 남극에 대부분의 빙하가 있으며 두께가 수백 m에서 수천 m에 이를 만큼 많이 저장되어 있습니다.

북극(北極, Arctic)은 북극해와 대륙 북부 일부분을 포함하여 북극권을 형성하고 있으며 북극해는 육지가 없는 바다로만 이루어져 있다.
남극(南極, South Pole)은 호주의 약 2배에 달하는 큰 대륙이며 평균 높이 약 2,500m의 빙하로 덮여 있다. 육지 주위의 바다도 광대한 면적에 걸쳐 수백 m 높이로 얼어 있기도 하다.

46 대홍수 후 동물들은 어떻게 전 세계로 흩어졌을까요?

노아 대홍수 후 방주에서 내린 동물들이 한꺼번에 전 세계 곳곳으로 흩어지지는 않았을 것입니다.

홍수 후 초기에는 중동지역 근처에서 번식하면서 살았을 것이고 이후 점점 그 범위가 넓어졌을 것입니다.

또, 빙하시대에는 많은 물이 얼음으로 변함에 따라 해수면이 낮아졌고 지금의 대륙붕들이 뭍으로 드러남에 따라 대륙 간에 동물의 이동이 가능했을 것입니다.

아시아 대륙에서 알래스카, 인도차이나반도에서 호주까지도 육지로 연결되어 있었고 이동은 주로 상대적으로 기온이 높은 해안가를 따라 이루어졌을 것으로 추정됩니다.

유사한 식물과 동물들이 서로 다른 대륙에서 공통으로 많이 발견되는 것을 흔히 볼 수 있는데 이는 과거에는 대륙 간 이동이 가능했다는 증거입니다.

대륙붕(大陸棚, continental shelf)은 대륙의 해안보다는 깊어 바닷물로 덮여 있지만 평균 깊이가 200m 정도까지로 상대적으로 얕으며 완만한 경사로 이루어진 해저 지역을 의미한다.

대륙붕에는 수산물은 물론이고 많은 종류의 물고기들이 서식하고 있다.

대홍수와 관련된 기록이나 설화가
전해 내려오는 것이 있나요?

대홍수 기록이 성경에만 있는 것은 아닙니다. 전 세계 다양한 문명들 속에 대홍수를 연상하게 하는 설화나 그림으로도 전해 내려온 것으로 알려져 있습니다.

한자의 배 선(船) 자는 배 주(舟), 여덟 팔(八), 입 구(口)로 구성되어 있고 이는 방주에 8명이 탄 것과 일치하며 고대 중국에서 한자가 만들어질 때 대홍수 설화가 영향을 미친 것으로 보입니다.

메소포타미아의 도시 우루크의 왕 길가메시

아프리카 대륙의 동부에 위치한 탄자니아(Southwest Tanzania)에서도 옛날 강에서 홍수가 시작되어 신이 많은 씨앗과 동물들을 배에 실으라고 한 내용과 홍수 물이 온 산을 덮었고 홍수가 그친 후 배에서 나왔다는 전설이 전해 내려온다고 합니다.

또, 아마존 강의 인디오 여러 부족에게도 비가 만물을 휩쓸었고 세상이 다 물에 잠겼다는 전설이 내려오고 있다고 합니다.

그 외에도 1873년 니느웨의 아쉬바니팔에서 발견된 서판에 기록된 인류 최초의 신화로 알려져 있는 고대 수메르의 〈길가메시〉 서사시, 고대 멕시코의 〈티마르포포카〉 그림문서, 과테말라 인디오인 키체족의 〈포플부흐〉라는 고서 등을 포함하여 많은 자료와 전설에서 대홍수의 흔적을 찾을 수 있습니다.

이와 같이 대홍수가 결코 중동지역에만 국한된 것이 아니었음을 알려준다고 할 수 있겠습니다.

'길가메시' 서사시(Gilgamesh Epoth)는 인류 최초의 문명으로 일컬어지고 있는 고대 메소포타미아 지역에서 발생한 수메르 문명의 도시국가 중에 우루크라는 곳이 있었으며 우루크는 수메르 도시국가 중에서 가장 영향력이 컸다고 한다.
우루크의 전설적인 왕 길가메시에 관한 영웅담이 〈길가메시 서사시〉이다.

48 대홍수 이전에 살았던 사람들의 화석은 발견된 것이 있나요?

노아 대홍수는 인류 역사상 전무후무한 초대형 홍수였습니다.

성경 창세기 7장 11절에 "노아가 육백세 되던 해 둘째 달 곧 그달 열이렛날이라 그날에 큰 깊음의 샘들이 터지며 하늘의 창문들이 열려 사십 주야를 비가 땅에 쏟아졌더라"라고 나와 있습니다.

지진, 화산 폭발, 용암 분출, 지하수 분출 등 지구 지각이 찢어지고 수많은 곳에서 화산 폭발이 일어나는 대격변이었습니다.

사람의 사체는 많은 물에 의해 부풀어 오르고 떠다녔을 것이고 바다생물이나 포식자들에 의해 뜯어 먹히고 부패된 후 자연분해 되었을 것입니다.

오늘날 발견되는 대부분의 화석은 산호와 갑각류이고 그 외는 해조류, 식물, 무척추동물(곤충 등), 척추동물 중에는 물고기 종류 등이 일부 발견되고 있는 정도입니다.

반면에 대홍수가 끝나고 약 200년 전후부터 시작되었을 것으로 추정되는 빙하시대의 영향으로 생긴 화석은 대부분 육상 척추동물입니다.

성경 창세기 6장 13절에 "하나님이 노아에게 이르시되 모든 혈육 있는 자의 포악함이 땅에 가득하므로 그 끝 날이 내 앞에 이르렀으니 내가 그들을 땅과 함께 멸하리라"라고 나와 있듯이 사람의 흔적조차 없이 하신 것으로 보입니다.

49 석회동굴과 종유석은 언제 어떻게 만들어진 것인가요?

불가리아 종유석

석회동굴(石灰洞窟, limestone cave)은 석회석의 탄산염(carbonate)이 용해되는 과정에서 형성되고 이후 탄산염이 퇴적되면서 종유석(鍾乳石, stalactite), 석순, 석주 등 동굴 형성물이 만들어집니다.

황산은 탄산염을 빠르게 용해하는 성질이 있는데 노아 대홍수 기간 동안에는 엄청난 화산들이 지구 곳곳에서 폭발했으며 이때 화산 분출로 방출됐던 이산화황(sulfur dioxide)에 의한 황산(sulfuric acid)은 암석층 틈새나 지층 경계면 사이로 확산되어 나감으로 인하여 동굴들이 많이 생겼을 것으로 보입니다.

진화론에서는 이러한 석회동굴과 동굴 형성물이 만들어지는데 수십만 년에서 수백만 년이 걸렸고 아주 미세하게 조금씩 쌓인 것이라고 주장하고 있습니다.

하지만, 동굴 형성물이 특정 조건만 맞춰지면 짧은 기간 동안이라도 만들어질 수 있다는 사실은 세계 곳곳에서 많이 발견되고 있고 불과 수십 년 정도 지난 종유석도 많을 정도입니다.

실제로 미국 워싱턴 D.C 링컨 기념관 지하실에는 45년 동안 1.5m 정도 자란 종유석이 발견되기도 했고 호주의 퀸즈랜드 납/아연 광산 갱도에도 55년 만에 촬영한 사진이 공개되었는데 많은 종유석들이 길게 자라고 있는 모습이었습니다.

Tip

종유석(鍾乳石, stalactite)은 석회동굴 천장에서 지하수가 물방울로 떨어질 때 함께 용해되어 있는 탄산칼슘 성분이 쌓여서 마치 고드름 모양을 이루고 있는 동굴 형성물을 의미한다.
또, 물에 용해된 탄산칼슘 성분이 동굴 바닥에 닿아 위쪽으로 쌓여 올라간 모양을 석순(石筍, stalagmite)이라고 하며 종유석과 석순이 만나 하나로 합쳐지면 기둥 모양이 되는데 이를 석주(石柱, stalactic column)라고 한다.

50 사막도 과거에는 동식물들이 살기 좋았던 땅이었다는데 맞나요?

사막

노아 홍수가 끝날 즈음 노아와 가족들이 방주에 나왔을 때부터 일정 기간 동안은 사막이 없었는데 이는 전 지구에 비도 골고루 내려 특별히 건조한 지역이 없었다는 의미입니다.

오늘날 사막에서는 코끼리, 코뿔소, 영양 등 다양한 종류의 동물 뼈와 낚싯바늘, 작살 그리고 대규모의 수로 흔적도 광범위하게 발견되고 있

으며 과거 어느 때에는 그곳이 사막이 아니라 살기 좋은 환경이었음을
알 수 있습니다.

이는 창조론과 진화론에서 모두 인정하는 내용입니다.

51 대홍수 이전에도 무지개가 떴었나요?

무지개

노아 대홍수 이전에는 궁창 위의 물이 여전히 존재했었기 때문에 지상에서 무지개를 볼 수 없었습니다.

홍수 이후에는 궁창 위의 물이 사라졌기 때문에 대기 중의 물방울이 프리즘 역할을 하게 되고 빛이 산란되어 무지개가 나타날 수 있었던 것입니다.

무지개(rainbow)는 시각적인 현상이므로 드론이나 비행기 등으로 다가가도 형체를 확인할 수 없으며 보는 각도에 따라 무지개의 위치도 다르게 보일 수도 있습니다.

성경에는 무지개가 또다시 대홍수가 없을 것이라는 언약의 표징으로 기록되어 있습니다.

> 창세기 9장 13절~15절 "내가 내 무지개를 구름 속에 두었나니 이것이 나와 세상 사이의 언약의 증거니라 내가 구름으로 땅을 덮을 때에 무지개가 구름 속에 나타나면 내가 나와 너희와 및 육체를 가진 모든 생물 사이의 내 언약을 기억하리니 다시는 물이 모든 육체를 멸하는 홍수가 되지 아니할지라"

큰 산맥을 수직으로 관통하여
흐르는 강물은 어떻게 가능한 것인가요?

산맥을 관통하는 강

강물이 큰 산을 관통하여 흐르는 곳을 수극(water gap)이라고 하는데 진화론적 관점에서는 해석이 힘든 부분입니다.

만약 진화론의 주장대로 오랜 세월 동안 퇴적층이 쌓인 것이라면 돌처럼 단단한 산 사이를 강물이 관통할 수가 없고 주변으로 돌아서 흘러갔거나 큰 호수를 이루고 있을 것입니다.

창조과학에서는 노아 대홍수 후반기에 큰 물이 물러날 때 강이 형성되었고 상류로부터 내려오는 엄청난 수압의 강물이 산과 산 사이를 관통하였던 것으로 보고 있습니다.

홍수는 물만이 아니라 물속에 돌과 바위 등도 섞여 있기 때문에 마치 믹스기가 돌아가듯 사물을 갉아내면서 치고 내려갑니다.

그 당시에는 대격변기였고 산들의 퇴적층들이 현재와 같이 단단하게 굳어지기 전이었기 때문입니다.

수극은 전 세계의 수많은 산맥들에서 발견되고 있는데 이는 홍수가 전 지구에 걸쳐 초대형으로 일어났다는 것에 대한 증거입니다.

혹자는 강물이 오랜 세월 동안 산맥의 가장 낮고 연약한 곳을 야금야금 뚫어 결국은 강물이 관통했을 수도 있지 않느냐고 하는데 현재 전 세계에서 발견할 수 있는 수극의 대부분은 낮고 연약한 지형 여부와 관계없이 관통하고 있는 것이 확인되고 있으므로 설득력은 없어 보입니다.

53 노아의 방주와 대홍수 사건을 연상케 하는 한자도 있다고 하던데요?

노아의 방주에 승선한 사람은 노아의 부부, 노아의 아들 3명과 그 아내들 3명 등 총 8명입니다.

船(배 선, ship)은 배 주(舟, boat) + 여덟 팔(八, 8) + 입 구(口, mouth)로 노아의 방주에는 노아를 포함하여 총 8명이 타고 있었고 인류 중에서 그들만이 살아남았다는 의미로 볼 수 있습니다.

搬(옮길 반, move)은 손 수(手, hand) + 배 주(舟, boat) + 여덟 팔(八, 8) + 또 우(又, again, help)로 노아의 방주에서 8명이 손으로 서로 도우면서 뭔가를 했다는 의미로 볼 수 있습니다.

沿(물 따라갈 연, follow)은 물 수(水, water) + 여덟 팔(八, 8) + 입 구(口, mouth)로 노아의 대홍수 때 8명의 사람이 물 위에서 떠 있었다는 의미로 볼 수 있습니다.

방주에서 나온 노아의 아들 중에서 셈의 후손들이 동쪽으로 이동했다는 기록이 있는데 중국의 한자가 만들어질 때 노아의 대홍수와 연관이 있었던 것으로 보입니다.

　　창세기 10장 29절~31절 "오빌과 하윌라와 요밥을 낳았으니 이들은
　　다 욕단의 아들이며 그들이 거주하는 곳은 메사에서부터 스발로 가
　　는 길의 동쪽 산이었더라 이들은 셈의 자손이니 그 족속과 언어와
　　지방과 나라대로였더라"

　여기에서 메사는 러시아의 모스크바와 관련이 있고 스발은 시베리아
와 관련이 있으며, 셈의 후손인 욕단이 동쪽으로 이동했다는 성경 기록
입니다.

**셈은 노아와 함께 방주에 같이 탔던 아들이며 셈의 4대손인 벨렉 때 바벨탑 사
건으로 인류가 전 세계로 흩어지기 시작했다. 욕단은 벨렉의 동생이다.**

　　창세기 10장 25절 "에벨은 두 아들을 낳고 하나의 이름을 벨렉이라
　　하였으니 그 때에 세상이 나뉘었음이요 벨렉의 아우의 이름은 욕단
　　이며"

[지층과 화석]

54 동식물이 화석으로 되는 과정은?

고사리 화석

대부분의 화석은 퇴적층에서 볼 수 있으며 진화론에서는 한 층이 쌓이는 데 수천 년에서 수만 년이 걸린다고 주장하고 있고 학교에서 교과서를 통해서도 그렇게 교육하고 있습니다.

만약 퇴적층 한 층이 쌓이는 데 그렇게 오래 걸린다면 죽은 동식물이 비바람에 손상되기도 하고 햇빛과 공기에 의해 산화될 것인데 오늘날

많은 화석들이 거의 온전한 형태로 발견되고 있는 것을 보면 화석이 오랜 기간 동안 한 층씩 쌓였다는 것은 설득력이 크게 떨어진다고 볼 수 있습니다.

창조과학에서는 노아 대홍수 때 큰 물이 물러나면서 빠른 시간 동안 퇴적층이 형성되었고 화석도 그때 갑자기 묻혀서 굳어진 것으로 보고 있습니다.

화석 중에는 새끼를 낳다가 묻힌 것도 있고 다른 동물을 잡아먹다가 묻힌 것도 있으며 어디론가 빠르게 이동하다가 묻힌 것도 있습니다.

즉, 화석은 빠르게 매몰된 것이 분명합니다.

55 어떤 종류의 화석이 가장 많이 발견되었나요?

물고기 화석

화석은 오래전의 동식물이 퇴적물 속에 매몰되어 거의 돌이 된 상태인 것을 의미합니다.

오늘날 발견되는 화석의 대부분은 산호, 해파리, 말미잘과 같은 해양 무척추동물이고 그다음은 해조류, 바다 식물, 물고기 순입니다.

공룡과 같이 한 개 이상의 뼈를 가진 육지 척추동물 화석은 0.003% 이하로 매우 비율이 낮습니다.

노아 홍수 때 해저 화산 폭발과 같이 대격변 상황에서는 바다 바닥 부분과 가까운 동식물부터 매몰될 수밖에 없었을 것입니다.

육지의 척추동물들은 물에 떠 있다가 분해되어 흩어진 경우가 대부분이었고 공룡 화석도 노아 대홍수 때의 것인데 뼈들이 분리되어 낱개로 발견되고 있습니다.

또, 매머드를 포함하여 일반 척추동물들의 화석은 빙하시대 말기에 빙하가 낮은 곳으로 급속히 내려오면서 매몰된 것으로 보입니다.

진화론적 관점에서 본다면 육지 동식물의 화석이 해양 무척추동물의 화석보다 훨씬 더 많아야 합당할 것인데 정반대의 결과를 보이고 있는 것입니다.

캄브리아기 지층에서 온전한 모양의 동식물 화석이 대거 발견된 이유는?

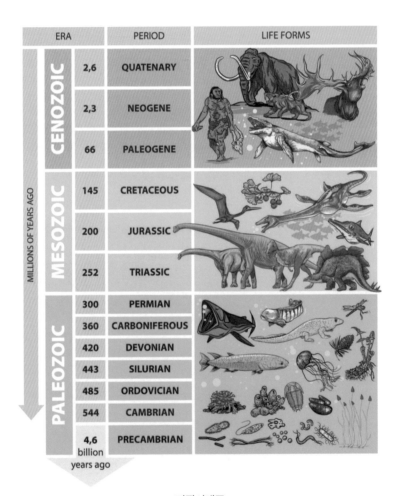

ERA			PERIOD	LIFE FORMS
CENOZOIC		2,6	QUATENARY	
		2,3	NEOGENE	
		66	PALEOGENE	
MESOZOIC		145	CRETACEOUS	
		200	JURASSIC	
		252	TRIASSIC	
PALEOZOIC		300	PERMIAN	
		360	CARBONIFEROUS	
		420	DEVONIAN	
		443	SILURIAN	
		485	ORDOVICIAN	
		544	CAMBRIAN	
		4,6 billion years ago	PRECAMBRIAN	

MILLIONS OF YEARS AGO

지질시대표

지질시대표의 고생대 중에서도 가장 오래되었다는 5억 년 전 캄브리아기 지층에서 갑자기 엄청난 양의 동식물 화석들이 발견되었습니다.

이른바 '캄브리아기의 폭발(Cambrian explosion)'이라고 하는 이 현상은 진화론적으로 만들어진 지질시대표(지질주상도)의 아랫부분에 해당하고 화석이 하나도 발견되지 않은 원생대 지층 바로 윗부분이기 때문에 더 이상의 진화론적 조상이 없습니다. 따라서 진화 과정이라고 설명하기에는 너무 모순적입니다.

또, 캄브리아기 지층에서 발견되는 화석들 중에 오늘날 살아 있는 것과 흡사한 것들이 많다는 것은 진화론을 주장하는 과학자들에게는 매우 당황스러운 일이 아닐 수 없는 것입니다.

창조과학에서는 노아 대홍수 때 큰 물이 물러나면서 갑자기 매몰되어 화석이 되었다고 보고 있기 때문에 이상한 일이 아닌 것입니다.

캄브리아기 지층의 화석이라 하는 것도 노아 대홍수 때 만들어진 것이기 때문입니다.

Tip

고생대(古生代, Paleozoic Era)는 지질시대표(지질주상도)에서 가장 오래된 선캄브리아기 바로 위에 해당하는 현생누대의 첫 번째 대(代)에 해당하며 약 5억 4천만 년 전부터 2억 5천만 년 전까지의 시대로 알려져 있다.

57 전 세계 대부분의 대양 바닥면이 현무암으로 이루어진 이유는?

해저 화산 폭발

지난 2022년 남태평양 뉴질랜드 북쪽에 위치한 작은 섬나라 통가의 홍가통가섬(Hunga Tonga) 근처에서 강력한 해저 화산이 발생하였으며 이로 인하여 인근의 호주와 뉴질랜드는 물론이고 멀리 일본과 미국 해안에까지 쓰나미가 발생한 일이 있었습니다.

해저 화산이 폭발할 때 인근 섬나라인 피지(Fiji)와 사모아(Samoa)에서도 폭발음이 감지되었고 화산이 폭발할 때 내뿜은 화산재는 수십 ㎞

상공에까지 치솟아 올랐다가 통가 나라 전체를 뒤덮었고 하나의 섬이었던 홍가통가섬이 둘로 나뉘는 지형의 변화도 있을 정도였습니다.

학계에서는 최근 천 년 동안 이만큼 큰 위력을 가진 해저 화산이 폭발한 적이 없었을 만큼 강력한 것이었다고 합니다.

하지만 노아의 대홍수 때 있었던 해저 화산 폭발과는 비교할 수 없을 만큼 작은 규모입니다.

노아 대홍수 때는 지구 곳곳의 대양 지각에서 화산 폭발이 일어났고 넘쳐 나온 용암이 대륙 지각을 양옆으로 밀어내면서 대륙들이 이동되어 지금의 대륙 형태가 되었습니다. 이때 용암이 식으면서 대양 바닥에는 현무암이 깔린 것입니다.

현무암(玄武岩, Basalt)은 흑색 계통을 띠며 화산 활동에 의해 형성된 화강암의 일종이며, 표면에 기공(氣孔, vesicle)이 있다.

58 그랜드 캐니언은 수천만 년 동안 비바람에 깎인 것이 아니었던가요?

그랜드 캐니언(Grand Canyon) 퇴적층

그랜드 캐니언(Grand Canyon)은 미국 서부 애리조나주에 위치한 초대형 계곡으로서 길이가 443㎞, 평균 폭이 약 16㎞, 평균 깊이가 약 1.6㎞나 되는 엄청난 규모입니다.

진화론에서는 오랜 세월 동안 비바람에 의해 깎이면서 형성되었다고 주장하고 있습니다.

그랜드 캐니언 사이로 흐르고 있는 콜로라도 강은 계곡의 규모에 비해 너무나도 작기 때문에 강물과 비바람이 계곡을 침식시켰다고 보기에는 무리가 있어 보이며 퇴적층 속에 엄청난 양의 조개와 바다 생물들이 있고 퇴적층 상층부를 형성하고 있는 1천 m 내외의 두꺼운 모래층들을 보면 차곡차곡 쌓인 흔적이 아니라고 보는 것이 더 합리적일 것입니다.

그랜드 캐니언 퇴적층의 단면을 보면 아주 매끈하게 구분되어 있는데 오랜 세월 동안 한 층씩 퇴적되었다고 보기 힘든 모습입니다.

비바람, 눈, 태풍, 가뭄, 토네이도 등 갖가지 기상 현상들이 일어났을 터인데 수만~수십만 년 동안 아주 균일하게 모래 성질의 것만 쌓이다가 또, 수만~수십만 년 동안 진흙 성질의 것만 쌓였다는 것을 과학자들이 증명할 수도 없을뿐더러 이를 믿는 사람들도 엄청난 믿음을 가져야 하는 일인 것입니다.

창조과학에서는 그랜드 캐니언 계곡의 퇴적층이 노아 대홍수 때 큰 물이 물러나면서 형성되었고 콜로라도강 상류의 고원지대가 붕괴되면서 흙과 돌들이 뒤섞인 혼탁류에 의해 깎여 나갔다고 보고 있습니다.

59 현대에도 화산 폭발 때 큰 퇴적 지층이 생겼다는데 어디인가요?

세인트 헬렌산(Mount St. Helens)

미국 서북부 워싱턴주에 위치한 세인트 헬렌산(Mount St. Helens)은 높이 2,550m의 화산이며 1980년 5월 18일에 폭발하여 현재의 높이로 변했는데 폭발 전 높이는 2,950m였습니다.

무려 약 400m나 정상 부분이 내려앉은 대형 화산 폭발이었던 것입니다.

화산이 폭발할 때 용암, 바위와 돌, 흙, 지하수, 눈 녹은 물 등이 뒤섞인 후 엄청난 양과 힘으로 흘러내려 갔고 이때 퇴적층이 만들어졌으며 최대 깊이 150m에 이르는 깊은 계곡도 형성되었습니다.

세인트 헬렌산 화산 폭발은 인류에게 퇴적층이 화산 폭발이나 대격변에 의해 만들어질 수 있음을 나타내 보인 매우 중대한 사건이었습니다.

진화론의 핵심 이론인 '동일과정설'에서는 퇴적층이 오랜 세월 동안 아주 조금씩 쌓여서 현재에 이르렀다고 하는데 세인트 헬렌산 화산 폭발로 인하여 단 3일 만에 대형 퇴적층들이 형성되는 것을 지질학자들도 똑똑히 확인했던 것입니다.

60 산꼭대기가 평탄면에 가까운 곳들이 많은데 왜 그런 것인가요?

고원 지역

산꼭대기는 대부분 뾰족하거나 완만한 뿔 모양을 하고 있지만 어떤 곳들은 정상 부근이 평탄면을 이루고 있습니다.

이러한 평탄면이 진화론에서는 오랜 세월 동안 비바람 등에 의하여 깎여 나가서 형성되었다고 합니다.

해발 수천 m의 높이에 수백만 ㎢ 이상의 광대한 대고원 지역의 평탄면도 비바람에 의해 깎여 나갔을까요?

창조과학에서는 노아 대홍수 때 큰 물이 물러나는 과정에서 물, 흙, 바위 등이 뒤섞여 흐르면서 퇴적층이 형성되었고 산 일부의 꼭대기 부분이 잘려 나가면서 좁거나 넓은 고원지역 형성되었다고 보고 있습니다.

오늘날 고원은 좁게는 수천 ㎡부터 넓게는 수백만 ㎢까지 되는 곳도 많이 있습니다.

고원을 형성하고 있는 퇴적층에 엄청난 양의 어패류와 바다 생물 화석들이 나오고 있는 것을 보면 오랜 세월 동안 아주 조금씩 깎여 나가면서 평탄면과 고원지역이 형성되었다고 보기에는 무리가 있어 보입니다.

61 고생대 생물인 삼엽충 눈이
매우 발달된 것으로 드러났다는데요?

삼엽충(三葉蟲, trilobite) 화석

삼엽충은 생물분류 체계인 '종-속-과-목-강-문-계'로 봤을 때 절지동물 '문'에 속하며 곤충, 갑각류, 거미 등이 여기에 포함됩니다.

삼엽충은 진화론에서 매우 중요하게 다뤄졌던 동물입니다.

4억~5억 년 전의 절지동물이라고 하면 원시적인 눈을 가지고 있어야

만 할 것인데 삼엽충의 눈을 분석해 본 결과 매우 복잡하고 발달된 눈을 가지고 있는 것으로 밝혀졌습니다.

또한 오랜 기간에 걸쳐 점진적으로 발달한 중간 단계의 화석 기록은 없고 발달된 모습만 발견되고 있으며 멕시코 해안에서 잡힌 현대의 삼엽충은 화석으로 발견된 것과 거의 비슷했습니다. 이는 진화 과학자에게 여러모로 당황스러운 일일 것입니다.

창조과학으로 해석하면 노아 때 전 지구적 대홍수가 있었고 삼엽충과 같은 절지동물들이 가장 빠르게 묻혔기 때문에 퇴적층의 밑바닥에서 발견되고 있는 것입니다.

삼엽충(三葉蟲, trilobite)은 몸이 좌엽, 우엽, 중간엽으로 되어 있다고 해서 지어진 이름이다. 수명이 길며 바다 밑바닥을 기어다니는 종도 있고 바다를 유영하면서 플랑크톤을 먹고 사는 종도 있으며 육지까지 올라오는 일부 종도 있다. 몸의 크기는 1㎜ 정도의 아주 미세한 것부터 수십 ㎝ 정도까지 이르는 큼직한 것도 있다.

62 수천만 년 전 호박 속 생물들이 많이 발견되었는데 그 의미는?

호박(琥珀, Amber) 속 곤충

호박은 박과에 속하는 먹는 호박(胡朴, pumpkin)을 의미하는 이름이기도 하지만 또 다른 의미인 호박(琥珀, Amber)은 지질시대의 소나무나 잣나무 등에서 나오는 송진이 굳어진 것을 의미합니다.

이러한 호박 속에 개미, 솔방울, 풀, 바다생물 등 다양한 생물들이 들어 있는 채로 발견되어 오늘날 살아 있는 것들과 비교해 보니 진화의 흔적이 없었습니다.

특히 육지 식물에서 나온 호박 속에 바다생물들이 들어 있는 경우도 많이 발견되고 있습니다.

수천만 년 전의 지층에서 발견된 호박 속 곤충이 오늘날의 것과 다르지 않은 것에 대해 진화론으로 설명하기에는 곤란한 경우일 것입니다.

창조과학에서는 노아 대홍수 때 나무에서 나온 송진 같은 물질과 큰 물이 물러날 때 뒤섞이면서 곤충들이 그 속에 들어간 것으로 해석이 가능합니다. 즉, 곤충들의 진화는 없었으며 그리 오래되지 않았던 시기에 살아 있었던 것입니다.

63 수억 년 전 화석에서 살점이 발견되고 냄새가 날 수 있는 것인가요?

수억 년 되었다는 개구리 화석에서 근육세포와 혈관 신경세포 등이 발견되는 등 많은 화석들에서 이와 비슷한 발견들이 이어지고 있습니다.

또, 미국 올드 도미니언 대학교(Old Dominion College) 노라 노피케 박사 연구팀이 호주 남서부 사암에서 발견한 단세포 미생물이 포함된 화석에서 냄새가 남아 있었다고 발표하기도 했습니다. (2013년 11월 24일 조선일보 기사 참조)

지층에 수억 년 동안 묻혀 있었다면 생체 조직 일부라도 지금까지 유지될 수가 없음을 과학자들도 잘 알고 있습니다.

혈액의 적혈구 속에 들어 있는 헤모글로빈(hemoglobin)이나 복합단백질의 한 종류인 난백알부민(ovalbumin)은 미생물이 주변에 없고 밀폐 상태라고 하더라도 화학적으로 최대 수십만 년이면 분해되어 없어진다는 것입니다.

창조과학에서는 해석이 가능합니다. 수천 년 전 노아 대홍수 때 묻혔던 화석이라면 아주 일부지만 냄새가 남아 있을 수도 있습니다.

64 남극과 북극의 지층에서도 동식물 화석이 발견되었다는데요?

남극(南極, Antarctic)

북극(北極, Arctic)은 바다로 이루어진 곳이고 일 년 내내 눈과 얼음 상태가 지속될 만큼 추운 곳입니다. 북극곰 등 일부 생명체 외에는 생존하기 힘든 환경인데 공룡과 같이 엄청난 몸집을 가졌고 많은 먹이가 필요했던 동물의 화석이 발견되고 있습니다.

남극(南極, Antarctic)은 더 추운 곳입니다. 남극은 북극과 달리 대부분 육지이며 일부 지역을 제외하고는 연중 눈과 얼음으로 덮여 있는데 개구리 화석이나 거대한 해룡 화석도 발견된 바 있었으며 2000년 4월에 과학 전문지 네이처지에 게재된 내용을 보면 지층 조사 결과 고대에는 남극이 울창한 숲으로 덮여 있었다고 분석되어 있습니다.

노아 대홍수가 전 지구적인 사건이었으며 빙하시대를 거치면서 지금의 남극 지형과 환경으로 변했음을 짐작할 수 있는 증거이기도 합니다.

65 석유가 있는 것을 보면 지구가 오래된 것이 맞지 않은가요?

석유(石油, Petroleum) 시추

석유(石油, Petroleum)는 액체 탄화수소로서 석탄, 천연가스, 셰일오일과 함께 인류가 가장 많이 사용하고 있는 화석 연료입니다.

공룡 등과 같이 유기체들이 죽은 다음에 오랜 세월 동안 지표면에 퇴적되어 만들어진 것으로 알려져 있으나 이에 대해서는 많은 의문이 제기되고 있는 상황입니다.

지구상에 석유만큼이나 많이 매장되어 있다고 알려져 있는 셰일오일(shale oil)의 경우 생물이 많이 매장되어 있을 것이라고 추측하기 어려운 곳들에도 많아 대량의 유기체에 의한 석유 생성이라는 주장은 설득력이 약해지고 있습니다.

진화 과학자들의 주장처럼 퇴적층이 장고한 세월 동안 한 층씩 쌓인 것이라면 석유의 존재와는 더욱 배치된다고 볼 수 있습니다.

퇴적층이 오랜 세월 동안 한 층씩 쌓이는 동안 동식물들은 산화되고 없어질 것이기 때문입니다.

동식물이 대격변에 의해 한꺼번에 땅속 깊숙이 묻혀 있다가 강한 압력 등 특별한 조건에 의해서 석유로 만들어졌을 가능성이 높은데 창조과학에서는 노아의 대홍수와 이후 일어난 대격변 때 만들어진 것으로 해석하고 있습니다.

또 수백만 년에서 수천만 년 걸리지 않아도 석유는 실험실에서 한 시간 만에도 만들어질 수 있다는 실험 결과가 다수 발표된 바 있습니다.

따라서 석유는 시간보다는 만들어지는 조건이 더 중요하기 때문에 석유가 오래된 지구를 증거하지는 않습니다.

탄화수소(炭化水素, hydrocarbon)는 탄소(C)와 수소(H)가 결합되어 있는 유기 화합물이며, 석유, 천연가스, 휘발유, 파라핀, 항공유, 윤활유 등이 있다.

66 화석 연대를 측정할 때 사용하는 방사성탄소 연대 측정법은 어떤 것인가요?

화석의 연대 측정법 중에서 방사성탄소 연대 측정법은 주로 동식물의 화석에만 적용되고 있습니다.

C-14 분자들이 절반으로 붕괴되는 데에 5,730년이 걸리는 것을 반감기(半減期, half-life)라 하며 방사성탄소 연대 측정법은 이를 기준으로 해당 물질이 얼마나 오래된 것인지를 측정하는 방법입니다.

그다음 5,730년 후에는 C-14의 절반이 붕괴되어 처음 C-14의 1/4이 남아 있게 되고 또 그다음은 처음 C-14의 1/8이 남아 있게 되는 방식이지요.

이렇게 계속 반감기가 지나더라도 이론적으로는 완전히 사라지는 것이 아니지만 사실상 5만 년 내외가 되면 검출이 거의 되지 않습니다.

또 이 방법은 해당 동식물이 죽을 당시에 공기 중에 C-14와 C-12의 비율이 얼마로 존재했었는지를 알아야 반감기를 적용한 잔여 탄소량이 나올 수 있는 것인데 알 수 있는 방법이 없는 상황이라서 정확한 측정법이라고도 볼 수 없습니다.

67 굽은 단면을 보이는 퇴적층은 어떻게 만들어졌나요?

습곡(褶曲, fold)

퇴적층은 퇴적 작용에 의해 여러 겹으로 쌓인 지층을 의미하는데 그중에서 굽은 단면을 가진 퇴적 지층을 '습곡(褶曲, fold)'이라고 합니다.

진화론에서는 퇴적층이 수만 년 또는 수십만 년 세월 동안 한 층씩 쌓인 것이라고 하고 있으며 퇴적층이 쌓인 후 습기가 많은 지하에서 높은 압력에 의해 굽게 되었고 그 상태에서 지표면으로 돌출되었다고 주장하고 있습니다.

즉, 딱딱하게 굳은 상태였다가 물렁한 상태로 되었고 휘어진 후 높은 곳으로 돌출되었다는 것인데 습곡이 있는 주변 지형들을 보면 그 부분만 지하에 있다가 지상으로 올라왔다고 볼 수 없는 곳이 대부분이며 각 지층의 쌓인 기간이 다르고 밀도와 종류도 다르고 두께도 다른데 마치 미술관에 전시된 작품처럼 다양한 각도와 모양으로 매끈한 경계선 형태로 휘어졌다가 다시 굳었다고 주장하는 것은 논리적으로도 맞지 않습니다.

창조과학에서는 노아의 홍수 때 대격변에 의해 퇴적층들이 짧은 기간 동안 형성되었고 굳기 전에 지각의 압력에 의해 습곡이 세계 곳곳에 형성된 것으로 보고 있습니다. 따라서 매끈한 경계선을 보이는 퇴적층도 충분히 가능했던 것입니다.

절벽 사이로 흐르는 구불구불한 강은 어떻게 만들어졌나요?

절벽 사이로 흐르는 강

전 세계적으로 여러 곳에 존재하고 있는 절벽 사이의 구불구불한 강은 진화론에서는 짧게는 수만 년, 길게는 수억 년 세월 동안 폭우와 강물이 흘러 오늘날의 강 모양이 형성되었다고 합니다.

절벽들 중에는 높이가 수십 m에서 수백 m에 이르기도 하고 수십 층 이상의 퇴적층으로 된 곳도 많이 발견할 수 있는데 폭우와 강물이 그 긴 세월 동안 집요하게 그 자리에만 파내려 가서 절벽을 만들고 구불구불한 강도 만들었다는 것은 논리적으로 이해하기에 무리가 있어 보입니다.

창조과학에서는 노아 대홍수 때 물과 돌과 흙이 뒤섞인 저탁류가 만들어지고 그것이 갑자기 낮은 곳으로 물러나면서 퇴적층이 만들어진 후 이어서 엄청난 힘이 축척된 저탁류에 의해서 퇴적층이 깎여 내려가면서 오늘날 구불구불한 강 모양을 형성한 것으로 해석하고 있습니다.

69 수천 m 높이의 산들에 자갈 퇴적층이 대량으로 존재하는데 이유는?

역암(礫岩)층

　전 세계 곳곳의 고산지대에 자갈 퇴적층이 대량으로 존재하고 있습니다. 작게는 수십 m에서 많게는 수천 m에 이르도록 두껍게 형성되어 있는데 이는 그곳이 한때 물에 잠겨 있었다는 증거입니다.

　단순히 자갈이 있다는 데에 거치지 않고 퇴적층을 이루고 있어서 진화론에서 주장하듯이 오랜 세월 동안 아주 조금씩 흙이나 먼지가 쌓여서 퇴적층이 형성된 것이 아님을 확실히 알 수 있는 곳입니다.

또, 바닷속에서 퇴적된 후 높이 솟아오른 것도 아닙니다. 퇴적층이 굽은 모양을 하는 습곡 형태를 보이는 곳도 무수히 많기 때문입니다.

노아 대홍수 때 엄청난 대격변이 일어났고 그때 강이나 바다의 자갈들이 휩쓸려 흐르면서 물에 잠겨 있다가 융기되었던 고산지대에도 자갈이 퇴적층으로 쌓였던 것입니다.

역암(礫岩)은 자갈이 흑이나 모래 등과 뒤섞여서 굳어진 암석을 의미한다.

70 석탄을 보면 지구가 아주 오래된 것 같은데 어떻게 만들어진 것인가요?

석탄 광산

　진화론에서는 지질시대 분류상 고생대 중 약 3억 년 전 즈음인 석탄기와 페름기에 대부분의 석탄(石炭, Coal)이 만들어졌다고 주장하고 있으며 엄청난 양의 육상식물이 땅에 묻힌 후 오랜 기간 동안 열과 압력에 의해 화학 변화와 세균의 작용으로 분해된 후 탄소 덩어리만 남는 탄화작용(炭化作用, carbonization)으로 석탄이 만들어졌다고 합니다.

하지만, 창조과학에서는 노아 대홍수 때 대격변에 의하여 나무들이 뽑히고 잘리면서 심한 마찰이 일어났는데 껍질이 벗겨지고 바닥에 가라앉는 과정에서 흙과 뒤섞였으며 이후 열과 압력을 받아 토탄을 거쳐 석탄으로 변했다고 보고 있습니다.

전 세계적으로 석탄 퇴적층은 일반 퇴적층 사이에서도 발견되고 있고 어떤 곳은 Z자 형태의 석탄 퇴적층도 발견되는 등 오랜 세월 동안 퇴적층이 형성되었다는 진화론적 해석이 석탄 퇴적층만 봐도 이해가 되지 않는 부분입니다.

1980년 미국 세인트 헬렌산(Mount St. Helens)의 화산 폭발로 인하여 수백만 그루의 나무들이 인근 스피릿 호수로 떠내려와 있었고 서로 간의 마찰에 의해 껍질은 벗겨져서 바닥에 가라앉아 진흙들과 엉켜 있는 것이 발견되었는데 이는 석탄의 전 단계인 '토탄'으로서 석탄이 어떻게 형성되었는가에 대한 증거로 여겨지고 있습니다.

토탄(土炭, peat)은 석탄이 되기 전의 초기 단계에 있는 것으로서 탄화작용이 덜된 석탄이라 할 수 있으며 주로 연탄의 원료로 사용되고 있다.

71 전 세계 엄청난 양의 석탄이 어떻게 한 번의 대홍수로 만들어졌다는 것인가요?

대한민국에 매장되어 있는 석탄은 통계청 자료에 의하면 약 3억 6천만 톤이고 북한은 약 205억 톤입니다.

주로 중국, 인도, 미국, 러시아, 호주, 남아프리카공화국 등에 많이 매장되어 있으며 전 세계 매장량을 합하면 1조 톤이 넘을 정도로 많습니다.

최근에는 지구온난화 현상의 완화를 위하여 화석연료를 줄이는 추세에 있어서 석탄 채굴도 조금씩 줄어들고 있으나 석유처럼 지하 깊이 묻혀 있지 않고 지표면 근처에 대부분 분포하고 있기 때문에 상대적으로 저렴하게 채굴할 수 있는 이유 등으로 여전히 석탄 채굴과 사용량은 상당하다고 볼 수 있습니다.

대홍수 이전에는 식물이 지금 시대와는 비교할 수도 없을 정도로 크고 많았을 것이고 대홍수로 궁창 위의 물 층이 없어지면서 지구는 추위와 더위가 반복되었으며 이후 빙하시대를 거치면서 생물들의 생존 환경이 많이 나빠졌을 것이기 때문에 식물의 크기와 양도 대폭 줄어들었을 것입니다.

창세기 8장 22절 "땅이 있을 동안에는 심음과 거둠과 추위와 더위와 여름과 겨울과 낮과 밤이 쉬지 아니하리라"

1980년 '미국 세인트 헬렌산'의 화산 폭발에 의해서 많은 토탄들이 단기간에 만들어지는 것을 과학자들을 포함하여 현시대를 살아가고 있는 우리 인류는 확인할 수 있었습니다.

노아 대홍수는 단순히 비가 많이 와서 생긴 홍수가 아니었습니다.

지각이 요동치고 해저와 육지 곳곳에서 화산이 폭발하고 하늘과 땅 위와 땅속의 물에 의해 지상의 모든 것들이 잠기고 뒤섞여진 전무후무한 초대형 격변이었음을 생각해 볼 때 전 세계에 묻혀 있는 엄청난 양의 석탄은 노아 대홍수의 영향으로 인하여 생성될 수 있었다고 볼 수 있습니다.

72 퇴적층 사이에 세로로 서 있는 큰 나무 지층은 어떻게 만들어진 것인가요?

퇴적 지층들을 관통하여 나무 기둥이 세로로 서 있는 것을 '다지층 나무 화석'이라고 부르고 있는데, 진화론적으로는 해석이 쉽지 않은 현상입니다.

장고한 세월 동안 퇴적층이 조금씩 쌓여서 형성된 것이라면 돌도 아닌 나무가 썩지 않고 견디면서 지층 사이에 수직으로 버티고 있었다는 것은 과학적이지 않을 뿐만 아니라 상식적으로 맞지 않기 때문입니다.

하지만, 창조과학에서는 어렵지 않게 설명이 가능합니다.

노아 대홍수 때 큰 물이 물러나는 과정에서 퇴적층이 짧은 기간 동안 쌓였고 나무 기둥도 서 있는 상태에서 함께 묻혔던 것이었습니다.

[빙하시대]

73 빙하시대란 무엇이며 언제를 말하는 것인가요?

빙하

    빙하시대는 과거 어느 기간 동안 두께 수천 m의 빙하(氷河, glacier)가 북쪽으로는 북극 인근뿐만 아니라 캐나다 북부, 그린란드, 알래스카, 유럽 중북부, 러시아 북부 지역을, 남쪽으로는 칠레와 아르헨티나, 호주 남동부, 뉴질랜드의 일부 지역까지 지구 전체 지표면 중 약 30%를 덮고 있었던 때를 의미합니다.

노아 시대의 대홍수는 엄청난 물이 전 지구를 덮은 전무후무한 대격변
이었습니다.

물도 많았지만 지구 곳곳에 수많은 지진과 화산 폭발이 있었고 그것들
로 인해 지각 사이에 강한 압력이 발생하여 지각이 이동되는 등 큰 변화
가 있었습니다.

해저 화산이 폭발할 때 지판들이 벌어지면서 뿜어져 나온 뜨거운 용암
때문에 바닷물의 온도가 대폭 높아졌으며 그로 인해 엄청난 수증기가
하늘로 증발했고 화산들이 폭발할 때 화산재와 입자들이 성층권까지 뒤
덮었기 때문에 지구는 태양빛을 많이 받지 못했을 것입니다.

이후 바닷물의 온도가 점차적으로 낮아지면서 수분 증발량도 자연스
럽게 줄어들었고 태양빛의 감소로 대기 온도도 낮아져 땅에 눈이 지속
적으로 내린 것이 빙하로 굳어졌던 것입니다.

창조과학에서는 노아 대홍수가 끝나고 약 200년이 지났을 즈음에 빙
하시대가 시작되었고 이후 약 500년 이상 지속되었던 것으로 추정하고
있습니다.

화산재(火山災, volcanic ash)는 화산이 폭발할 때 함께 대기 중으로 분출되는
미세한 크기의 물질을 의미하며 각종 광물 입자들을 포함하고 있다.
화산재가 분출되어 있는 상태에서 비가 내린다면 빗물 속에 화산 분출물들이

함께 섞여 내려오게 되는데 차량이나 농작물 등의 표면에 쌓여 피해가 발생하기도 한다.

또, 대형 화산 폭발의 경우 화산재가 인근 수천 ㎞ 거리에까지 날아가 항공기 결항이나 인근 나라에 피해를 주기도 한다.

74 빙하시대의 빙하는 너무 추워서 바닷물이 얼어 만들어진 것인가요?

빙하시대의 빙하는 너무 추워서 생긴 얼음이 아닙니다.

노아의 대홍수 때 해양 화산 폭발로 솟아 나온 용암으로 인하여 바닷물의 온도가 높아졌고 그에 따라 엄청난 수증기가 하늘로 증발된 상태에서 육지의 화산 폭발에 의해 하늘로 올라간 화산재가 태양빛을 가려 대기의 온도가 낮아졌기 때문에 땅에 눈이 지속적으로 내린 후 빙하로 굳어졌던 것입니다.

따라서 바닷물이 얼어서 빙하가 된 것이 아니라 눈이 쌓여서 얼음으로 변한 것입니다.

만약 지금의 남극만큼이나 추웠다면 바다도 얼었을 것인데 바다가 얼면 수증기가 그만큼 증발하지 않았을 것이므로 눈이 빙하를 만들 만큼 많이 내리지 않았을 것입니다.

아무래도 춥긴 했겠지만 바닷물이 얼지 않을 정도의 추위였을 것입니다.

75 진화론에서는
빙하의 연대를 어떻게 측정하고 있나요?

진화 과학자들은 빙하를 둥근 시추 파이프와 같은 도구로 뚫어 빙하 얼음 코어를 끌어올린 다음에 코어에 표시되는 줄 수에 따라 연대를 산출하고 있으며 더 깊은 곳의 얼음 코어는 함유된 먼지의 농도를 연대로 환산하여 추정 산출하고 있습니다.

하지만 이러한 방법은 너무나도 비과학적으로 보입니다. 눈은 한 해에도 수십 차례 내릴 수도 있으며 먼지도 지역적 기상 상황에 따라 다양한 농도의 차이를 보이기 때문입니다.

빙하가 형성되는 과정을 보면 눈의 결정이 녹으면서 얼음이 되기까지 여러 번의 재결정 과정을 거치는데 빙하 코어에 나타난 흔적만으로는 정확한 연대 측정이 사실상 불가능합니다. 따라서 진화 과학자들의 빙하 연대의 측정값은 틀릴 수밖에 없습니다.

연구용으로 빙하를 시추하는 경우도 많지만 비용 절감을 위해 석유나 가스의 시추 작업 때 발생하는 코어(core)를 연구용으로 활용하는 경우도 많다.

76 진화론에서는 빙하시대가 여러 번 있었다고 하는데 맞나요?

진화론에서는 빙하시대가 지나고 온난한 날씨를 보이는 시기인 수만 년 동안의 간빙기가 있었고 간빙기 때 빙하 위에 빙력토가 쌓였으며 다시 빙하시대가 왔다가 간빙기가 오는 식으로 여러 번 반복되었다고 주장하고 있습니다.

또, 현재 눈에 보이는 빙하는 마지막 빙하기에 형성된 빙하라고 하는데 빙력토라고 주장하는 빙하와 빙하 사이에 있는 퇴적층이 부드러운 흙이나 모래로 구성되어 있고 그리 두껍지 않은 것을 보면 수만 년 동안 쌓인 것이라고 보기는 힘듭니다.

일부 과학자는 지구의 공전 궤도와 자전축 변화가 있었고 그에 따라 태양빛이 약했던 시기로 인해 수십 번의 빙하기가 반복되었다고 하는데 이 또한 가설로 보입니다.

왜냐하면 우주 과학의 원리를 임의로 왜곡시킨 것이고 빙하기가 도래하려면 막대한 양의 눈이 내려야 하며 그러기 위해서는 해수의 온도가 높아 물의 증발량이 많아야 하는 빙하 형성의 메커니즘과도 맞지 않고 빙하가 덮여 있었던 지역의 위치를 봐도 자전축 변화를 적용하기 어렵습니다.

빙력토(氷礫土, The soil caused by the force of the ice)는 빙하가 밀려 내려오는 힘에 의해 퇴적되어 굳어진 토양 퇴적물을 의미한다.

77 성경에도 빙하시대 내용이 나오나요?

노아 대홍수 이전에는 사람 살기에 알맞은 날씨였는데 이후 추위와 더위가 생길 정도로 기상 환경이 많이 바뀌었습니다.

성경에 나오는 욥은 빙하시대의 절정기에 살았던 인물인 것으로 추정됩니다.

창세기 8장 22절 "땅이 있을 동안에는 심음과 거둠과 추위와 더위와 여름과 겨울과 낮과 밤이 쉬지 아니하리라"

욥기 37장 10절 "하나님의 입김이 얼음을 얼게 하고 물의 너비를 줄어들게 하느니라"

욥기 38장 22절 "네가 눈 곳간에 들어갔었느냐 우박 창고를 보았느냐"

욥기 38장 29절 "얼음은 누구의 태에서 났느냐 공중의 서리는 누가 낳았느냐"

욥기 9장 30절 "내가 눈 녹은 물로 몸을 씻고 잿물로 손을 깨끗하게 할지라도"

욥기 6장 16절 "얼음이 녹으면 물이 검어지며 눈이 그 속에 감추어 질지라도"

노아 대홍수 때 화산 폭발로 인하여 화산재가 하늘을 덮었을 것이고 한참의 시간이 흐른 후 땅에 눈이 내릴 때 눈 속에 화산재가 뒤섞여 내린 다음 눈이 서서히 용융되어 빙하가 되었던 것으로 짐작할 수 있습니다.

이후 빙하가 녹았을 때 잿물과 검은 물이 섞여서 나왔음이 성경에 암시되어 있습니다.

용융(鎔融, melting)의 의미는 고체가 녹아 액체로 되는 것을 의미하는데 여기서는 하늘에서 내린 눈이 내린 후 일정 시간이 지나면서 녹자마자 짧은 시간 안에 얼음으로 되는 과정 즉, 재결정 과정을 설명하고 있다.

바벨탑과 빙하시대는
어떤 관계가 있나요?

바벨탑

창세기 11장 4절 "또 말하되 자, 성읍과 탑을 건설하여 그 탑 꼭대기
를 하늘에 닿게 하여 우리 이름을 내고 온 지면에 흩어짐을 면하자
하였더니"

창세기 11장 8절 "여호와께서 거기서 그들을 온 지면에 흩으셨으므

로 그들이 그 도시를 건설하기를 그쳤더라”

바벨탑 사건으로 인류는 언어가 여러 종류로 혼잡하게 됨에 따라 서로 언어가 통하는 사람들끼리 세계 곳곳으로 흩어지게 되었습니다.

이때는 빙하시대에 해당되어 빙하가 녹기 전이었기 때문에 바닷물 수위가 지금보다 100m 이상 낮아져 있는 상태였으며 대륙의 해안가를 따라 낮은 수심에 위치한 대륙붕들이 뭍으로 드러나 있었기 때문에 전 세계 대륙들이 서로 연결되어 있었던 것입니다.

따라서 바벨탑 사건 이후에 사람들의 이동은 빙하시대가 있었기 때문에 용이했다고 볼 수 있습니다.

79 빙하시대 해빙기에는 어떤 일이 일어났나요?

엄청난 눈이 지속적으로 내려 빙하시대가 이어진 후 태양의 온도가 점차 내려감에 따라 수분의 증발도 줄어들게 되었습니다.

그로 인하여 내리던 눈의 양이 대폭 줄어들었으며 대기권을 감싸고 있던 화산재가 땅과 바다로 내려오고 지구에 도달하는 태양 복사 에너지의 양도 점차 많아졌습니다.

그때부터는 눈이 쌓이는 속도보다는 녹는 속도가 훨씬 더 빨라졌는데 그것이 바로 해빙기의 시작입니다.

빙하가 형성되는 기간은 오래 걸리지만 해빙은 한번 시작되면 빠른 시간으로 진행되는 특성이 있습니다.

빠른 해빙으로 눈사태와 산사태가 크게 발생되었고 그에 따른 초대형 홍수도 곳곳에서 일어났던 것입니다.

빙하가 낮은 지역으로 쏟아져 내려오면서 기존 지형들을 파괴시키며 새로운 지형을 만들어 냈는데 이를 '빙하지형'이라 부르고 있습니다.

빙하지형은
어떤 특징이 있나요?

빙하지형

빙하시대 해빙기에 빙하가 녹아내리면서 초대형 홍수가 발생하였는
데 수백 m짜리 빙하가 녹으면서 조각으로 깨지는 현상이 일어났고 엄청
난 힘을 가진 빙하들은 산의 흙과 바위를 깎아내면서 아래로 내려갔습
니다.

빙하가 낮은 곳으로 내려오면서 흙과 돌이 섞여서 강력한 믹서기와 같

은 역할을 했기 때문에 빙하의 흐름에 따라 다양한 크기와 구조의 계곡들이 형성되었던 것입니다.

빙하지형의 특징 중 대표적인 것은 산꼭대기가 뾰족하다는 것과 깊고 험한 계곡이 있다는 것입니다.

진화론의 주장처럼 비바람에 오랜 세월 동안 미세하게 닳아서 뾰족한 것이 아니라 빙하시대에 빙하가 녹아내리면서 깎인 지형이었던 것입니다.

공룡과 동식물

81 공룡은 아주 오래전에 이미 멸종한 것이 아니었던가요?

공룡-티라노사우루스

교과서에서나 진화 과학자들의 주장에 의하면 공룡은 이미 수천만 년 전에 멸종되었고 지층에서 발견되는 화석으로만 확인할 수 있다고 합니다.

하지만, 최근 공룡 뼈에서 연부 조직, 단백질, 적혈구, DNA 등을 발견했는데 이러한 생체 유기물질들은 수천만 년 동안 남아 있을 수 없고 짧은 기간 내에 분해되었을 것인데 이에 대해 납득할 수 있는 명확한 해석은 나오지 않고 있는 상황입니다.

전 세계 각지의 고문서나 벽화 등에서 인간이 공룡과 함께 살았다는 증거들이 발견되고 있으며 특히 중국의 고문서들에 공룡이 왕의 마차를 끌었다는 기록도 있는 것을 보면 분명 공룡은 수천만 년 전에 멸종된 것이 아니었습니다.

> 욥기 40장 15절 "이제 소같이 풀을 먹는 베헤못을 볼지어다 내가 너를 지은 것 같이 그것도 지었느니라"

> 욥기 40장 19절~20절 "그것은 하나님이 만드신 것 중에 으뜸이라 그것을 지으신 이가 자기의 칼을 가져오기를 바라노라 모든 들짐승들이 뛰노는 산은 그것을 위하여 먹이를 내느니라"

성경에 나와 있는 '베헤못'은 용각류(龍角類, sauropod)인 공룡과 같은 동물로 보이며 동물들 중에 가장 크고 강했음을 알 수 있습니다.

공룡 화석은 전 지구적으로 많이 발견되고 있고 오래전 멸종된 것으로 알려져 있었지만 미라 형태로 발견된 공룡도 있고 공룡의 피부와 근육은 물론이고 위장의 내용물까지 그대로 보존된 채로 발견된 것도 있습니다.

중국 허난성 루양현의 한 시골 마을에서는 주민들이 공룡 화석을 전설에 나오는 비룡의 뼈로 인식하고 20년 이상 동안 공룡 뼈로 보양식이나 가루약으로 사용했던 사실이 밝혀졌습니다. (2007년 7월 5일 조선일보

및 SBS 방송)

이러한 것들을 종합해 봐도 공룡의 멸종은 그리 오래되지 않았음을 짐
작할 수 있습니다.

82 공룡 멸종이 소행성의 지구 충돌 때문이라는 말이 있던데 사실인가요?

공룡의 멸종 원인이 소행성의 지구 충돌 때문이라는 설이 있습니다.

이는 일부 진화 과학자들이 주장하고 있는 것으로서 신생대 말기 지층에서 이리듐(Ir : Iridium)이라는 원소가 많이 발견되었다는 점을 근거로 들고 있습니다.

소행성이나 혜성에 이리듐 성분이 많이 포함되어 있는 것과 연관 짓고 있는 것인데 이리듐은 화산 폭발 때 발산되는 화산재에도 많이 내포되어 있으므로 이리듐이 우주에서만 날아 들어왔다는 것은 맞지 않는 논리입니다.

공룡은 노아 대홍수 때 방주에 탔고 이후 번식이 이루어졌으며 전 세계 각지의 고문서나 벽화 등에서도 인간이 공룡과 함께 살았다는 증거들이 많이 발견되었습니다.

공룡은 빙하시대 등 지구 환경의 변화로 먹이가 부족했을 시기에 그 개체 수가 대폭 줄었을 것으로 보이고 인간들이 공룡 멸종에 영향을 미쳤을 가능성도 있습니다.

　소행성의 지구 충돌에 의해 공룡이 멸종되었다는 이론은 그 근거가 너무 빈약하다고 할 수 있겠습니다.

83 공룡 화석과 매머드 화석에서 발견되는 차이점은?

매머드(Mammoth)

공룡 화석은 노아 대홍수 때 퇴적층이 형성되는 과정에서 매몰된 것이고 매머드 화석은 빙하시대 때 매몰된 것으로 추정하고 있다는 점이 다릅니다.

또 공룡은 뼈들이 주변에 흩어져 발견되었고 매머드는 신체 전체가 그 대로 발견되고 있습니다.

공룡은 형체가 남아 있지 않은 상태로 지구 곳곳에서 발견되었고 매머 드는 대부분 시베리아와 알래스카 북부에서 얼음 속에 냉동된 채로 발 견되었습니다.

이를 보면 공룡과 매머드가 살았던 지역과 기후 환경도 달랐던 것을 짐작할 수 있습니다.

매머드(Mammoth)는 코끼릿과에 속하는 포유류라서 서로 교배될 수 있었으 며 털이 작은 종류도 있었지만 대부분은 몸이 긴 털로 덮여있고 덩치는 코끼리 와 비슷하거나 좀 더 컸던 것으로 알려져 있다.
규모가 아주 큰 경우를 비유할 때 흔히 '매머드급'이라는 표현을 사용할 만큼 매머드는 거대한 동물의 상징으로 인식되고 있기도 하다.
매머드는 코끼리보다는 크지만 큰 공룡보다는 작은 편이며 매머드가 코끼리 처럼 긴 코를 가지고 있어 비슷하게 보이지만 매머드의 염색체 수는 58개이고 코끼리가 56개이기 때문에 서로 다른 종이다.
이는 당나귀의 염색체 수가 62개고 말은 64개인 것과 유사한 경우이다.

84 성경에도 공룡 이야기가 나와 있나요?

'공룡(恐龍)'이라는 명칭은 영어로 'dinosaur'이고 성경보다 훨씬 나중에 인간이 지은 단어이기 때문에 성경에 '공룡'이라는 단어가 나오지 않는 것은 당연합니다.

성경에는 공룡으로 연상되는 동물이 나오는데 욥기 41장 1절 "네가 낚시로 리워야단을 끌어낼 수 있겠느냐 노끈으로 그 혀를 맬 수 있겠느냐"의 '리워야단'입니다.

욥기 41장 13절~14절 "누가 그것의 겉가죽을 벗기겠으며 그것에게 겹 재갈을 물릴 수 있겠느냐 누가 그것의 턱을 벌릴 수 있겠느냐 그의 둥근 이틀은 심히 두렵구나"라고 나와 있듯이 사람이 함부로 마음대로 다루기에는 어렵다고 해석할 수 있습니다.

욥기 41장 33절~34절 "세상에는 그것과 비할 것이 없으니 그것은 두려움이 없는 것으로 지음 받았구나 그것은 모든 높은 자를 내려다보며 모든 교만한 자들에게 군림하는 왕이니라"라고 나와 있어 어마어마하게 크고 힘센 동물이었음을 짐작할 수 있습니다.

욥기 40장 15절 "이제 소같이 풀을 먹는 베헤못을 볼지어다 내가 너를 지은 것 같이 그것도 지었느니라"

욥기 40장 17절 "그것이 꼬리 치는 것은 백향목이 흔들리는 것 같고 그 넓적다리 힘줄은 서로 얽혀 있으며"

욥기 40장 19절 "그것은 하나님이 만드신 것 중에 으뜸이라 그것을 지으신 이가 자기의 칼을 가져오기를 바라노라"

여기에 나오는 '베헤못' 또한 공룡으로 추정됩니다.

85 성경에 박쥐를 새로 분류해 놓았는데 오류가 아닌가요?

날아다니는 박쥐

레위기 11장 13절~19절 "새 중에 너희가 가증히 여길 것은 이것이라 이것들이 가증한즉 먹지 말지니 곧 독수리와 솔개와 물수리와 말똥가리와 말똥가리 종류와 까마귀 종류와 타조와 타흐마스와 갈매기와 새매 종류와 올빼미와 가마우지와 부엉이와 흰 올빼미와 사다새와 너새와 황새와 백로 종류와 오디새와 박쥐니라"

성경에 박쥐가 나오는데 박쥐를 포유류로 분류한 것은 최근에 생물 분류학자들에 의해서입니다.

성경은 형태적으로 '날아다는 것'에 의미를 두고 '새'로 분류한 것입니다.

따라서 레위기가 기록된 후 수천 년이 지나서 분류한 기준을 두고 오류라고 하는 것은 무리가 있어 보입니다.

박쥐는 지상의 그 어떤 새보다도 야간비행을 잘하는 우수한 시스템을 가지고 있으며 초음파를 통하여 깜깜한 동굴 안에서도 엄청난 속도로 날아다닐 수 있다. 초음파의 반향을 듣고 주위를 파악하는 청각은 매우 발달되어 있는 것에 비하여 시력은 아주 약하다.

86 사자와 호랑이 사이에서 태어난 라이거가 사자와 교배 시 새끼를 못 낳는 이유는?

호랑이 암컷

사자 수컷

라이거(liger)는 사자 수컷과 호랑이 암컷 사이에서 태어난 동물입니다.

사자와 호랑이는 같은 고양잇과에 속하며 종이 서로 다르지만 교배는 가능하며 이렇게 다른 종끼리의 교배로 태어난 동물을 '종간잡종(種間 雜種, interspecific hybrid)'이라고 합니다.

종간잡종의 예로서 타이곤(tigon)은 호랑이 수컷과 사자 암컷 사이에 서 태어난 종간잡종이고 노새(mule)는 나귀 수컷과 말 암컷 사이의 종간 잡종이며 반대로 힌니는 말 수컷과 나귀 암컷 사이의 종간잡종입니다.

라이거는 DNA 분자 서열이 바뀌는 불안정한 유전자인 돌연변이 형태 로 교배가 되었기 때문에 새끼를 낳을 수 없습니다.

이렇듯 종간잡종으로 나온 개체들은 대부분이 불임인 경우가 많습니다.

87 돌연변이가 새로운 유전자를 만들어낼 수 있는가요?

진화론에서는 돌연변이를 생물체에 유익한 영향을 미치는 무작위적인 유전적 메커니즘이라고 주장하고 있습니다.

하지만 돌연변이에 의해 변한 DNA는 거의 대부분 해로운 영향을 미친다는 것이 증명되었을 뿐 돌연변이가 유익한 영향을 미쳐 새로운 종이 생겨났다는 어떠한 증거도 없는 상황입니다.

더욱 안타까운 것은 교과서에 이러한 사실이 객관적으로 실리지 않고 긍정적 돌연변이와 부정적 돌연변이가 비슷한 비율로 일어나는 것처럼 되어 있는 것은 반드시 정정되어야 할 부분입니다.

Tip

돌연변이(突然變異, mutation)는 부모에게 없는 형질을 가지고 새끼가 탄생하는 현상을 의미하며 유전자나 염색체 구조의 부분적인 변화에 의해 발생한다.
사람의 유전자는 여러 외부 요인에 의해 항상 손상되고 있는데 대부분 교정되어 나가지만 일부 유전자는 자녀에게까지 전해진다.
유전자의 손상은 화학물질이나 방사선 등이 영향을 미치는 것으로 알려져 있다.

88 원숭이도 타제석기를 만들어 사용할 수 있는가요?

원숭이

전 세계적으로 유명한 학술지 네이처(Nature News) 등 여러 매체에서 "원숭이가 타제석기를 만들어 사용했다"라는 내용을 게재한 바 있습니다.

카푸친 원숭이들이 돌로 돌을 깨서 무언가를 만드는 모습이었다고 합니다.

아마도 석기시대 돌 도구 유물 중 일부는 원숭이가 만든 것일 수도 있을 것입니다.

하지만, 원숭이가 돌을 깰 수는 있었을지 몰라도 돌을 도구로 활용했다는 연구 보고는 없습니다. 아마도 딱딱한 열매로 여기고 껍질을 깨면 뭔가 나올지도 모른다는 의미에서 본능적으로 돌을 깨어 내용물을 확인하려는 행위였을 가능성이 높습니다.

지구와 우주

태양계

진화론에서는 우리가 학교에서 교과서를 통하여 배웠듯이 약 138억 년 전 빅뱅으로 우주의 별들이 탄생하였고 약 45억 년 전에 지구도 생겨났다는 것입니다.

빅뱅이론(Big Bang theory)은 우주 공간에 아무것도 없는 상태였는데 누적된 압력에 의해 엄청난 폭발이 일어나면서 먼지 같은 것이 생겨났고 그것들이 뭉쳐져서 별도 생겨나고 은하도 생겨났다는 이론입니다.

처음에 아주 작은 행성을 의미하는 '미행성'이 생겨났고 이어 마그마와 핵, 원시 지각과 해양 등이 만들어져 지구가 되었다고 합니다.

하지만 빅뱅이론은 나날이 발견해 가고 있는 과학으로 인하여 합리성을 잃어 가고 있습니다.

특히, 최근에 발사된 제임스 웹 우주 망원경(James Webb Space Telescope)에 의해 촬영되고 분석된 연구 자료(Nature 게재)에 의하면 그동안 널리 알려져 왔던 우주와 은하의 생성 과정이 맞지 않을 수 있다는 것이 과학자들의 대체적인 의견입니다.

그동안 빅뱅 초기에 생성된 은하로 알려져 있는 '시어스-2112(ceers-2112)'라는 은하를 제임스 웹 우주 망원경으로 촬영했는데 은하의 중심부를 가로지르는 막대 모양의 긴 구조가 발견되었다고 합니다. (동아사이언스, 박건희, 2023. 11. 10)

빅뱅 초기에 생성되었던 은하들은 불안정하고 미성숙한 환경이었기 때문에 은하의 구조가 형성될 만한 질서가 존재하지 않았던 것으로 알려져 있었는데 우주 과학계에 새로운 숙제가 생겼습니다.

이와 같이 빅뱅으로 우주 먼지들이 모여서 별이 되었다는 논리는 우주 과학이 발달하면 할수록 새로운 숙제만 계속 만들어 낼 것으로 보입니다.

제임스 웹 우주 망원경은 2021년 12월 25일에 발사되었으며 현존하는 광학 우주 망원경 중에서 가장 큰 규모이며 지구로부터 최대 150만 ㎞ 떨어진 곳에서 태양 주위를 약 180일마다 한 바퀴씩 공전하고 있다.

참고로 1990년도에 발사되어 2025년에 임무 종료 예정인 허블 우주 망원경은 지구로부터 최대 540㎞ 거리에서 지구 주위를 약 95분마다 한 바퀴씩 공전하고 있다.

그동안 허블 우주 망원경에 의해 촬영하고 연구했던 자료들에 비해 제임스 웹 우주 망원경은 그 차원을 달리하는 자료들을 수집하고 있는 중이며 1920년 프리드만(러시아, 수학자)이 최초로 주장한 이래 계속 보완되어 왔던 빅뱅이론이 막연한 가설이었음이 점점 밝혀지고 있는 중이라고 볼 수 있겠다.

90 성경에는 첫째 날에 빛 창조, 넷째 날에 광명을 창조했는데 차이는?

성경 창세기에서 첫째 날 창조된 빛은 광원이 존재하지 않은 상태의 '빛' 그 자체였습니다.

창세기 1장 3절 "하나님이 이르시되 빛이 있으라 하시니 빛이 있었고"

넷째 날에 창조된 광명은 태양이 광원의 역할을 하여 지구를 비추게 한 것으로 이해하면 되겠습니다.

창세기 1장 14절 "하나님이 이르시되 하늘의 궁창에 광명체들이 있어 낮과 밤을 나뉘게 하고 그것들로 징조와 계절과 날과 해를 이루게 하라"

태양의 빛은 많은 빛 중에 하나인 것입니다.

간혹, 빛을 두 번 창조한 것이 된다거나 태양을 넷째 날에 창조했는데 셋째 날에 창조된 식물이 어떻게 광합성 작용을 할 수 있었겠느냐고 의문을 제기하는 사람도 있으나 식물 창조 후 바로 다음 날 태양빛이 창조되었으므로 식물 생존에 큰 문제가 되지 않았던 것입니다.

창세기 1장 11~13절 "하나님이 이르시되 땅은 풀과 씨 맺는 채소와 각기 종류대로 씨 가진 열매 맺는 나무를 내라 하시니 그대로 되어 땅이 풀과 각기 종류대로 씨 맺는 채소와 각기 종류대로 씨 가진 열매 맺는 나무를 내니 하나님이 보시기에 좋았더라 저녁이 되고 아침이 되니 이는 셋째 날이니라"

91 성경에 달을 광명체라고
표현한 곳이 있는데 오류 아닌가요?

달

창세기 1장 15절 "또 광명체들이 하늘의 궁창에 있어 땅을 비추라 하시니 그대로 되니라"

창세기 1장 16절 "하나님이 두 큰 광명체를 만드사 큰 광명체로 낮을 주관하게 하시고 작은 광명체로 밤을 주관하게 하시며 또 별들을 만드시고"

성경에 달이 '작은 광명체'로 표현되어 있는 것은 맞습니다.

달은 태양의 빛을 받아 지구를 간접적으로 비추는 역할만 할 뿐 스스로 빛을 내는 광명체는 아닙니다.

하지만, 성경은 달의 과학적 기능에 대해 설명해 놓은 것이 아니라 지구에 빛을 비춘다는 상태를 설명하고 있는 것이므로 성경의 표현적 오류는 아닙니다.

우리는 지구가 태양을 공전하고 있음을 알고 있는 상황이지만 '해가 뜨고 해가 진다'라고 말합니다.

또, 별이 하늘에 떠있는 상황에서 구름에 가려 안 보이다가 우리 눈에 보이게 되면 '별이 떴다'라고 말하기도 하지요.

따라서 성경에 달을 '광명체'로 표현해 놓은 것은 지구에서 하늘을 바라보는 사람 중심에서 표현한 것이라고 볼 수 있습니다.

92 지구가 우주의 허공에 떠 있다는 것이 성경에도 나와 있나요?

아리스토텔레스

고대 그리스(마케도니아) 철학자 아리스토텔레스(Aristoteles, BC 384~BC 322)는 그의 저서《하늘에 관하여(On the Heavens)》를 통하여 지구가 둥글 수도 있다고 주장하였는데 성경의 이사야서가 쓰인 후 약

300년 이상이 지나서입니다.

> 이사야 40장 22절 "그는 땅 위 궁창에 앉으시나니 땅에 사는 사람들
> 은 메뚜기 같으니라 그가 하늘을 차일같이 펴셨으며 거주할 천막같
> 이 치셨고"

오랫동안 인류는 지구가 평평한 것으로 인식하며 살아왔었고 지구도
하늘의 별처럼 우주 공간에 구(球, sphere) 형태로 허공에 떠 있는 상태
라고는 더더욱 생각지도 못했었습니다.

하지만 성경에는 수천 년 전부터 지구가 우주 허공에 떠 있다고 되어
있습니다.

> 욥기 26장 7절 "그는 북쪽을 허공에 펴시며 땅을 아무것도 없는 곳
> 에 매다시며"

93 오래전에 기록된 성경에 과학적으로 밝혀진 사실들이 많이 나와 있다고요?

제임스웹 우주 망원경

성경 예레미아서가 기록된 것은 기원전 약 600년 전인데 우주 망원경은 물론이고 일반 망원경조차도 없었던 시절에 별들이 무한히 많다고 나와 있습니다.

예레미아 33장 22절 "하늘의 만상은 셀 수 없으며 바다의 모래는 측량할 수 없나니 내가 그와 같이 내 종 다윗의 자손과 나를 섬기는 레위인을 번성하게 하리라 하시니라"

우주에는 우리 인간이 예상했던 것보다 훨씬 더 별이 많다는 것이 허블 우주 망원경을 통해 밝혀졌고 2021년 12월에 발사된 제임스웹 우주 망원경은 더 많은 은하를 발견하고 있으며 심지어 우주 과학자들은 그동안 우주의 나이가 138억 년이라고 알려져 있는 것을 훨씬 더 오래전으로 변경해야 한다는 주장들을 내놓고 있는 등 인간이 연구한 그동안의 사실에 오류가 있었음을 계속 인정할 수밖에 없는 상황입니다.

지금은 대기와 물의 순환에 의하여 지구에 생명체가 유지될 수 있음이 밝혀져 있지만 그 옛날 사람들이 어떻게 알았을까요? 성경은 사람의 지식을 기반으로 쓰인 책이 아님이 분명합니다.

> 전도서 1장 6절~7절 "바람은 남으로 불다가 북으로 돌아가며 이리 돌며 저리 돌아 바람은 그 불던 곳으로 돌아가고 모든 강물은 다 바다로 흐르되 바다를 채우지 못하며 강물은 어느 곳으로 흐르든지 그리로 연하여 흐르느니라"

공기의 압력을 측정해 보니 1기압이 수은주 높이로 760㎜Hg인데 이를 처음으로 밝힌 사람은 에반젤리스타 토리첼리(Evangelista Torricelli, 1608~1647)라는 과학자였습니다.

토리첼리는 최초로 기압계(barometer)를 발명했는데 16세기 이탈리아의 철학자이자 과학자이며 망원경을 최초로 발명한 후 지동설을 주장한 것으로 유명한 갈릴레오 갈릴레이의 제자이기도 합니다.

욥기 28장 25절 "바람의 무게를 정하시며 물의 분량을 정하시며"

그 외에도 성경에는 수많은 과학적 사실들이 기록되어 있는데 현대 과학이 발달할수록 인간이 추측해 왔던 불명확했던 것들이 명확한 방향으로 바로잡혀 가고 있습니다.

94 지구가 수많은 혜성들로부터 안전하게 지켜지고 있는 이유는?

소행성 지구 충돌

지구는 태양계에 속해 있고 수성, 금성, (지구), 화성, 목성, 토성, 천왕성, 해왕성의 순서에서 금성 다음에 위치해 있습니다.

다른 위성들은 많은 혜성들과의 충돌이 빈번하게 일어나고 있지만 지구만은 안전하게 지켜지고 있습니다. 그 이유를 살펴보면 다음과 같습니다.

지구는 큰 자석과 같아서 N극과 S극에 의해 자기장을 발산하고 있으며 이 자기장은 태양으로부터 오는 X선과 감마선 등과 같은 해로운 방사선을 1차적으로 막아 주는 역할을 하고 있으며 지구 쪽으로 날아오는 혜성들도 막아 주고 있습니다.

다만, 지구 자기장의 힘은 시간이 흐르면서 점점 약해지고 있다는 것이 과학자들에 의해 밝혀지고 있는데 지구 자기장이 약해지면 지표면은 해로운 방사능에 점점 더 노출될 수밖에 없을 것이고 그만큼 인간의 노화가 촉진되는 등 지구 환경에 좋지 않은 영향을 끼칠 수밖에 없을 것입니다.

달은 지구를 매일 공전하면서 지구와의 인력을 유지하고 있으며 태양풍이 지구에 미치는 영향을 감소시키는 역할도 하고 있습니다.

목성(木星, Jupiter)은 지구 지름의 약 11배로 태양계 위성 중에서 가장 큽니다. 지표면이 없는 가스 행성으로 태양 주위를 돌면서 지구 쪽으로 오는 혜성들을 강력한 인력으로 빨아들이거나 파괴하는 역할을 하고 있습니다.

토성 또한 태양계 안쪽으로 들어오려는 혜성의 진로가 외부로 바뀔 수 있도록 영향을 미치고 있는 것으로 알려져 있습니다.

지구 입장에서는 정말 고마운 행성들이라 할 수 있겠습니다.

이처럼 지구는 생명체가 안전하게 살 수 있도록 위험한 외부 환경으로부터 엄청난 보호를 받고 있는 것입니다.

토성(土星, Saturn)은 지구의 지름보다 약 10배 크며 태양계 위성 중에서 목성 다음으로 크다. 지표면이 없는 가스 행성으로서 멀리서 보면 큰 고리가 감싸져 있는 형태인데 얼음덩어리 및 암석 입자 등으로 구성되어 있다.

95 달이
지구에 미치는 영향은?

달과 지구

    달은 지구와 384,400㎞ 떨어져 있는 지구의 유일한 위성이며 매일 하루에 한 번씩 지구 주위를 공전하면서 태양풍으로부터 오는 유해 광선을 완화시키는 역할을 합니다.

    달이 지구와의 인력을 유지하고 있기 때문에 지구의 자전 속도가 적절하게 유지되고 있는데 만약 지구의 자전 속도가 지금보다 조금만 빨라져도 지구에 폭풍이 더 많이 발생되고 그로 인하여 지구가 태양 에너지도 덜 받게 되어 생태계가 지금처럼 유지되기 힘듭니다.

또, 달과의 인력 때문에 지구의 바다에 밀물과 썰물이 발생하는데 이는 지구 생태계 유지에 매우 중요한 역할을 하고 있습니다.

밀물과 썰물은 연안에 많은 먹거리를 만들어 주기도 하고 바닷물이 움직임으로써 바닷속 영양의 순환이 이루어지고 정화가 되도록 돕는 역할을 합니다.

만약 달이 없어진다고 가정하면 지구의 자전축도 바뀌게 되어 지금처럼 생명체가 온전하게 유지될 수 없으니 달은 지구에 엄청난 영향을 미치고 있다고 볼 수 있습니다.

달(月, moon)은 태양계 행성의 위성 중 태양과 가장 가깝게 있으며 지구를 27.3일마다 한 바퀴씩 공전하고 있는 지구의 위성이다.
달의 지름은 지구의 1/3 정도이며 달 적도의 지름은 약 3,476㎞이다. 참고로 지구의 적도 지름은 약 12,756㎞이다.

96 천둥 번개가 많은 해는 풍년 든다는 말이 있는데 과학적인가요?

번개

지구의 대기는 질소 78%, 산소 21%, 기타 1% 정도의 비율로 구성되어 있습니다.

하늘에 천둥과 번개가 치면 질소와 산소가 결합하게 되고 물과 만나면 질산염이 됩니다.

이 질산염은 식물들이 자라는 데 필수 요소가 되기 때문에 천둥과 번개가 많이 치는 해는 땅이 비옥하게 되어 농사가 잘되는 데 큰 역할을 합니다.

과학적인 사실이며 성경에는 이미 오래전에 설명되어 있습니다.

욥기 36장 30절~31일 "보라 그가 번갯불을 자기의 사면에 펼치시며 바다 밑까지 비치시고 이런 것들로 만민을 심판하시며 음식을 풍성하게 주시느니라"

번개(lightning)는 공중에서 서로 반대되는 전기 입자들이 부딪히면서 방전이 일어나는 현상으로서 불꽃이 번쩍하며 순간적으로 밝게 빛난다.
번개가 발생하면 공기의 파열음이 생기는데 이를 천둥(=청동, 天動, thunder)이라고 하며 주로 번개가 번쩍이고 잠시 후 천둥소리가 들리는데 이는 빛보다 소리의 전달 속도가 느리기 때문이다.

97 대기권의 오존층은 어떤 역할을 하는가요?

오존층

오존(ozone, O3)은 산소 원자 3개로 구성되어 있는 산소의 동소체이며 강한 냄새와 독성을 가지고 있고 강한 산화력으로 살균, 악취 제거, 표백제 등의 용도로 이용되고 있습니다.

오존층(ozone層, ozone layer)은 대기권 중에서도 성층권(成層圈, stratosphere)에 형성되어 있으며 해수면으로부터 약 25㎞~30㎞ 높이에 위치하고 있습니다.

오존층은 태양으로부터 오는 인체에 유해한 파장인 자외선을 흡수하여 지구까지 도달하지 않도록 하는 역할을 하고 있습니다.

오존층이 많이 파괴될수록 사람의 눈에 백내장 발생 확률이 높아지고 인체 면역 체계도 약해져서 각종 질병에 노출되는 확률이 높아지게 됩니다.

자외선은 가시광선보다는 파장이 짧고 X선보다는 파장이 긴 전자기파이며 사람 눈에 보이는 빛 중에서 제일 짧은 파장을 가지고 있는 보라색보다도 더 짧은 파장이라는 의미에서 보라색의 한자어인 자색의 '자'와 바깥이라는 의미인 '외'가 붙여 자외선(紫外線, ultraviolet ray)으로 명명되고 있다.

98 지구의 물은 혜성들에 의해서 들어왔다는 말이 있던데요?

혜성

진화 과학자들은 수천만 년 동안 소행성과 혜성들이 지구에 충돌하면서 얼음덩어리 형태로 지구에 물이 쌓였다고 주장하고 있습니다.

지구 표면은 물론 지각 내에 있는 그 엄청난 물이 모두 크고 작은 혜성들이 수없이 지구와 충돌하면서 축적되었다는 것인데 만약 그렇다면 지구 표면에는 온통 충돌 자국으로 가득 차 있어야 하고 혜성의 잔해들로 덮여 있어야 하지 않을까요?

게다가 우주 탐사선 '로제타'가 분석한 결과 혜성 물 분자의 수소 대 중수소 비율이 지구의 물보다 3배 이상 차이가 나는 것으로 밝혀진 바 있으며 토성, 목성, 달, 지구 자기장 등에 의해서 지구에 혜성이 직접 충돌되는 것이 대부분 방어되고 있다는 것도 과학적으로 밝혀진 지금은 혜성들에 의해 지구에 물이 쌓였다는 이론에 대한 신빙성은 많이 약해지고 있는 상황입니다.

이처럼 아직 과학계에서는 물의 기원에 대해서 명확한 답을 내놓지 못하고 있는 상황입니다.

우주 탐사선 로제타(Rosetta)는 유럽우주기구(ESA)가 발사한 혜성 탐사선으로서 2014년 11월 13일에는 혜성 착륙에 성공하기도 했다.

99 다이아몬드가 있는 것을 보면 지구는 아주 오래된 것이 아닐까요?

다이아몬드

다이아몬드(金剛石, Diamond)는 탄소(원소기호 : C)로만 이루어져 있으며 천연 광물 중에서 가장 단단한 것 중 하나로 알려져 있습니다.

또, 다이아몬드는 열전도율이 매우 높은데 전선의 재료로 널리 사용되고 있는 구리의 약 5배에 이를 정도입니다.

천연 다이아몬드는 광산에서 채굴하여 가공하지만 탄소 원자에 높은 압력을 가하는 등 일정 조건을 갖추면 다이아몬드를 만들 수 있다는 사실이 과학적으로 밝혀진 이후 지금은 세계 여러 나라의 기업들이 인공 다이아몬드를 생산하고 있습니다.

다만, 자연적으로 만들어진 다이아몬드에 비해 가치는 많이 떨어지지만 공업용으로 사용하는 데에는 문제없을 정도로 뛰어난 강도라서 많이 활용되고 있습니다.

따라서 다이아몬드가 있기 때문에 지구가 오래되었다고는 볼 수 없습니다.

100 바닷길을 처음으로 발견한 것은 언제 누구인가요?

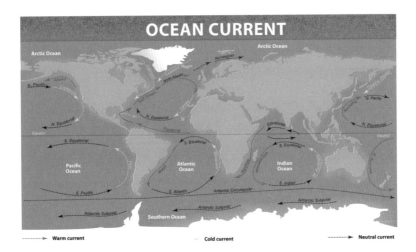

해류도

바닷물은 고여 있는 것이 아니라 일정한 패턴에 따라 흐르고 있는데 이를 해류라고 합니다.

배가 원하는 지점에 직선으로 나아가면 해류의 영향을 받아 떠밀려 가거나 아주 힘겹게 나아가게 됩니다. 해류를 알면 안전하면서도 빠른 이동이 가능하겠지요?

1855년 북대서양을 가로지르는 항로와 기상도를 작성하고 해로를 발견한 미국의 메튜 머리(Matthew Fontaine Maury, 1806~1873) 박사인데 그는 해양학의 아버지라 불리고 있습니다.

메튜 머리 박사는 해로를 연구하게 된 계기가 성경 시편 8장 8절 "공중의 새와 바다의 물고기와 바닷길에 다니는 것이니이다"라고 나와 있는 구절에 영감을 얻은 것으로 널리 알려져 있기도 합니다.

이미 수천 년 전 성경에 바닷길이 있다는 것이 나와 있었던 것입니다.

또 성경 역대하 8장 18절에도 "후람이 그의 신복들에게 부탁하여 배와 바닷길을 아는 종들을 보내매 그들이 솔로몬의 종들과 함께 오빌에 이르러 거기서 금 사백오십 달란트를 얻어 솔로몬 왕에게로 가져왔더라"와 같이 나와 있습니다.

창조주의
놀라운 작품들

S1. 수많은 별 중에 사람이 살기에 가장 완벽한 지구

별들

지구는 사람을 비롯하여 생명체가 탄생하고 유지되기에 가장 알맞은 환경 조건을 갖춘 유일한 별입니다.

우주 과학자들은 지구와 아주 일부분이라도 비슷한 환경이 있는 별을 찾아 나서고 있으나 늘 가능성에 대해서만 얘기하고 있는 수준에 머물러 있습니다.

이사야 45장 18절 "대저 여호와께서 이같이 말씀하시되 하늘을 창조
하신 이 그는 하나님이시니 그가 땅을 지으시고 그것을 만드셨으며
그것을 견고하게 하시되 혼돈하게 창조하지 아니하시고 사람이 거주
하게 그것을 지으셨으니 나는 여호와라 나 외에 다른 이가 없느니라"

지구에는 생명체에 필수적인 물이 풍부하고 달에 의해서 밀물과 썰물
이 발생하게 됨으로써 해안과 육지로부터 흘러나온 오염물질이 상당 부
분 정화되고 있습니다.

그럼에도 불구하고 산업화에 따른 오염물질의 방류로 강과 연안바다
는 물론이고 원양과 심해까지도 오염되고 있는 것은 정말로 안타까운
현실입니다.

지구는 지름이 약 127,000㎞인데 이는 생물이 살기에 가장 적당한 대
기압이 유지되게끔 하는 크기라고 합니다. 화성과 같이 기압이 너무 낮
으면 물의 끓는점도 너무 낮아 지구는 항상 화염 속에 있을 것이고 목성
과 같이 기압이 너무 높아도 사람이 호흡을 할 수 없습니다.

수많은 혜성들이 지구와 충돌하지 않도록 달, 목성, 토성 등이 역할을
하고 있고 지구 스스로도 지구 자기장과 대기 등으로 지켜내고 있습니다.

특히 지구 자기장(磁氣場, magnetic field)은 유해 광선인 태양풍을 막
아 주고 있는데 만약 지구 자기장이 없어진다면 지구를 둘러싸고 있는

오존층도 파괴되어 생명체가 살 수 없는 지구가 되어 버립니다.

지구는 태양을 1년에 한 번씩 공전하고 있으며 화성은 공전 주기가 약 1.9년이고 목성은 약 11.9년입니다.

지구의 공전 속도는 약 11만 ㎞이며 우리 인간은 지구의 중력 때문에 이를 느끼지 못하고 있을 뿐입니다.

만약 더 빨리 공전한다면 중력도 지금보다 더 높아져야 하므로 지금과 같은 산소의 양과 농도도 유지되기 힘들며 달도 지금보다 훨씬 지구와 가까워져 지구는 초대형 폭풍들로 날마다 몸살을 앓을 것입니다.

그 외에도 수많은 질서들이 파괴되기 때문에 지구는 현재 가장 적당한 속도로 공전하고 있다고 볼 수 있습니다.

지구가 공전하는 것과 더불어 자전축이 23.5도로 기울어져 있기 때문에 적절한 일사량이 유지될 수 있으며 사계절이 나타나고 농사도 지을 수 있게 되는 것입니다.

또, 매일 한 번씩 자전함으로써 지표면과 대기의 온도가 적절하게 유지됨은 물론이고 대기와 해류도 적절하게 순환되고 있는 것입니다. 이것만 봐도 지구는 사람이 살기에 완벽할 정도로 설계되었던 것이 분명합니다.

S2. 지구에는 생명 유지에 필수적인 물이 풍부하다

물

　지구 표면에는 약 70%가 물로 덮여 있는데 단순히 물만 있는 것이 아니라 물에는 생명들에 유익한 칼슘, 칼륨, 아연, 인, 철, 황, 마그네슘, 나트륨 등 무기질 영양소인 미네랄(mineral)들이 다양하게 포함되어 있습니다.

　물은 인체에 필수적인 요소인 미네랄과 산소가 결합하여 체내에 녹아들게 하고 각종 노폐물을 몸 밖으로 배출하는 역할을 하며 영양분이 몸속 구석구석으로 전달될 수 있도록 매개체 역할도 하고 있습니다.

인체의 65%는 물로 구성되어 있고 물이 부족하면 병에 걸리기도 하고 몸에 물이 고갈되어 가면 얼마 못 가서 사망하게 됩니다.

물은 성질상 뜨거워지기까지 많은 에너지가 축적되어야 하며 완전히 식기까지도 많은 에너지가 발산되어야 합니다. 이러한 이유 때문에 물은 완충제가 되어 지구의 전반적인 온도를 일정하게 유지시키는 역할을 하고 있는 것입니다. 바다에 비해 수분이 훨씬 부족한 육지의 표면이 빨리 데워지고 빨리 차가워지는 것을 보면 알 수 있습니다.

손발이 꽁꽁 어는 추운 겨울 날씨에도 물이 하늘에서 얼음으로 떨어지지 않고 눈이 되어 내리는 것은 참으로 신기한 일입니다. 또 모든 눈의 결정체는 여섯 개의 모서리를 가지고 있으며 수많은 눈 중에 단 하나도 동일한 눈 결정체가 없다는 것도 신기한 일입니다.

눈은 겨울에 대지를 덮음으로써 산과 계곡에 생명이 유지될 수 있도록 수분을 오랫동안 공급하는 일도 하고 있으니 물은 지구의 생명 유지에 필수적인 역할을 하고 있는 참 고마운 물질입니다.

S3. 경이로운 식물의 씨앗도
   저절로 만들어졌다고 하는 사람들이 너무 많다

새싹

진화론에서는 복잡하고 경이로운 식물들의 신비로움을 느끼면서도 저절로 만들어졌다고 합니다.

씨앗이 발아를 하고 성장하는 과정에 대해서 전 세계 수많은 식물학자들의 연구 결과들이 나오고 있지만 그것이 어떻게 가능한지에 대한 원천적인 연구 결과는 나오지 않고 있습니다.

씨앗은 일정하게 건조한 환경에서 씨앗 상태로 보존되어 있다가 공기의 특정 온도와 습도가 유지되고 수분이 있으면 발아가 가능합니다.

물론 종자의 종류에 따라 햇빛이 필요한 경우도 있고 반대로 햇빛이 있으면 안 되는 경우도 있습니다.

놀라운 것은 발아를 할 때 외부에서 다른 양분을 흡수해야만 하는 것이 아니고 씨앗 자체에 발아를 위한 양분이 들어 있다는 것입니다.

발아가 어느 정도 되면 씨앗이 가지고 있던 양분은 거의 소진하게 되고 이후부터는 광합성 작용에 의해서 필요한 양분을 생성해 냅니다.

씨앗만 봐서는 어떤 식물로 자라날지 모르고 경험과 학습을 통하여 알 수 있을 뿐입니다.

테이블 위에 모르는 씨앗이 있다고 가정했을 경우 아무리 뛰어난 과학자도 현미경으로 씨앗의 세포는 볼 수 있겠지만 어떤 식물의 씨앗인지는 알 수 없는 것입니다.

이는 씨앗이 저절로 진화되어 생겨난 것이 아니라 창조주가 씨앗 안에 각 종류별로 정밀한 설계도를 숨겨 놓았기 때문입니다.

마가복음 4장 26절~28절 "또 이르시되 하나님의 나라는 사람이 씨를 땅에 뿌림과 같으니 그가 밤낮 자고 깨고 하는 중에 씨가 나서 자라되 어떻게 그리 되는지를 알지 못하느니라 땅이 스스로 열매를 맺되 처음에는 싹이요 다음에는 이삭이요 그다음에는 이삭에 충실한 곡식이라"

S4. 식물의 씨앗이 퍼져나가는 놀라운 사실들

민들레씨

금작화

호주의 토종 식물인 에레모필리아(EREMOPHILA)의 씨앗은 에뮤(emu)라는 덩치가 크고 날지도 못하는 새에 의해서 퍼져나가는데 에뮤는 타조 다음으로 세계에서 두 번째로 큰 새인 것으로 알려져 있습니다.

일반적으로 씨앗이든 어떤 음식이든 동물의 배 속에 들어가면 소화가 되기 때문에 분변(糞便) 상태에서는 일부 또는 전부가 분해될 수밖에 없는데 신비롭게도 에레모필리아 씨앗은 에뮤의 배 속에서 분변 상태로 있다가 다른 곳으로 퍼져나가고 있습니다.

연못과 논에 서식하고 있는 수초인 가래(pondweed)는 물에 절반 정도 잠겨 있거나 떠 있는데 이 가래의 씨앗을 잉어가 삼킨 후 온전한 씨앗의 모양과 기능을 유지한 채 다른 곳으로 이동되어 배출되는 것이 발견되었습니다.

단풍나뭇과에 속하는 익과(翅果)의 씨앗은 땅에 떨어질 때 씨앗 껍질에 달려 있는 날개로 바람을 타고 조금이라도 더 멀리 날아가고 있고 금작화(scotch broom) 같은 식물은 대포처럼 씨앗을 멀리 발사하기도 합니다.

많은 씨앗들은 동물이나 새들의 깃털 속에 붙어 있다가 날갯짓에 의해 퍼져나가기도 하며 민들레(dandelions)를 포함하여 일반 식물들의 씨앗은 바람에 의해 비행을 하다가 땅에 정착하고 그중 살아남은 것은 적절한 환경에 의해 발아를 합니다.

씨앗들이 만약 그 자리에 내려앉아 발아하면 같은 종(species) 간의 경쟁으로 결핍 현상이 생길 확률이 높아져서 확산과 성장에 큰 장애가 될 수 있기 때문에 다양한 방법으로 퍼져나가고 있는데 이러한 원리와 질서가 저절로 생겨난 것일까요?

S5. 식물 속에 숨겨진 수학의 비밀

나뭇가지

나무가 가지를 낼 때 아무렇게 튀어나오는 것이 아니라 피보나치수열의 규칙에 의해서 나오는 것이 많습니다.

피보나치수열이란 1 다음 수부터는 바로 앞 두 항의 합이 되는 수열입니다. 즉, 1, 2, 3, 5, 8, 13, 21, 34, 55, 89, 144…입니다.

나무의 몸통으로부터 새로운 가지가 나온 후 두 마디가 자랄 즈음에 곁가지를 내는 방식인데 가지의 총수는 단계별로 1개, 2개, 3개, 5개, 8개, 13개, 21개가 됩니다.

해바라기 꽃의 씨는 나선형으로 배열되어 있는데 시계 방향의 나선의 수도 피보나치 수 중에 하나이고 반시계 방향의 나선의 수도 피보나치 수 중에 하나입니다.

해바라기

솔방울도 밑면에서 보면 나선형으로 배열되어 있으며 그 나선의 수도 피보나치 수 중에 하나입니다.

해바라기의 경우 이렇게 이중 나선의 피보나치수열로 되어 있을 때 가장 많은 씨앗이 배치될 수 있는데 만약 하나의 나선 방향으로만 되어 있을 경우 빈 공간이 많이 생기게 됩니다.

따라서 기능적으로도 씨앗의 틈새로 비바람이나 벌레 등이 잘 들어가지 못하게 되어 오래 견딜 수 있다고 합니다.

만약 사람이 같은 면적에 인위적으로 직전으로 줄을 세워 씨앗을 배치해 본다고 가정하면 씨앗이 일부 남게 될 것입니다.

또, 피보나치수열로 배치된 식물들을 보면 공통적으로 아름다움을 느낄 수 있습니다. 이는 완벽한 조화와 안정감에서 오는 느낌입니다.

진화론에서는 우주와 지구의 생명체가 저절로 생겨났다고 하는데 식물에서 수학을 발견할 수 있는 이러한 현상에 대해서도 '진화되었다'라고 주장할 수 있을까요?

S6. 황금비율과 황금 나선을 나타내는 것들

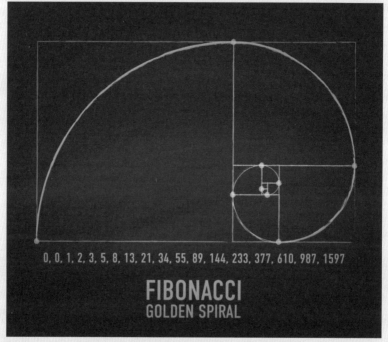

피보나치 황금비율

황금비율은 르네상스 시대의 이탈리아 수학자인 루카 파치올리(Luca Pacioli, 1447년~1517년)가 '신의 비율'이라고 정의했던 것에서 유래되었으며 피보나치수열에 따른 것이었습니다.

앞서 서술한 바와 같이 피보나치수열은 1, 2, 3, 5, 8, 13, 21, 34, 55, 89, 144…으로 이어지는데 각 수의 앞 수로 나눈 값 즉 3/2, 5/3, 8/5…와 같이 무한대로 계속 계산해 나갈수록 1.618…에 가까운 값이 나오며 이는 황금비율과 거의 일치합니다.

황금비율을 나타내는 사각형을 보면 왠지 안정감을 느끼곤 하는데 우리 생활 주변에는 주민등록증, 운전면허증, 신용카드, 담뱃갑 등이 가로 수치를 세로 수치로 나누면 1.618에 가깝게 나옵니다.

고대 조형 작품인 비너스상도 머리끝과 허리까지의 길이를 1로 봤을 때 허리부터 발끝까지가 거의 1.618이며 전 세계인들이 비너스상을 아름다움의 상징으로 여기는 이유 중 하나일 것입니다.

황금 나선은 가로세로가 1인 사각형을 2개 붙인 후 위에 가로세로가 2인 사각형을 붙이고, 좌측에 가로세로가 3인 사각형을 붙이는 방식으로 계속 붙여 나간 후 위의 그림과 같이 안쪽 변을 따라 그려 나갔을 때 나오는 선을 의미합니다.

황금 나선을 나타내는 것들 중에는 해바라기 씨앗의 배열, 달팽이, 앵무조개, 계란, 허리케인, 사람의 귀, 나선형 은하 등 헤아릴 수 없이 많습니다.

만물과 우주에 나타난 피보나치수열, 황금비율, 황금나선 현상도 저절로 진화되어 나타났다고 하는 진화론의 근거는 과연 어디에 있는 것일까요?

S7. 식물의 광합성 작용은 처음부터
정밀하게 설계되어 있었다는 것을 증명한다

식물의 광합성

광합성(光合成, Photosynthesis)이란 식물이 태양의 빛 에너지를 받아 화학 에너지를 발산하는 것을 의미하며 물과 이산화탄소를 흡수하여 산소를 배출하고 녹말과 당을 만들어 냅니다.

태양으로부터 쏟아지는 막대한 양의 빛 에너지는 식물의 광합성 작용으로 모든 생명체의 호흡에 필수적인 산소(oxygen)를 만들어 냄으로써 생명이 태동하고 유지하는 데 필요한 근본적인 역할을 하고 있습니다.

　태양빛이 물 분자를 수소와 산소 분자로 분해함으로써 동식물이 식량으로 이용할 수 있는 당(sugars)도 만들어 내는데 마치 생화학 공장과도 같으며 천연 태양광 발전소이기도 합니다.

　이렇게 광합성 작용을 하고 있는 식물을 초식 동물들이 뜯어 먹고 살고 육식동물은 이러한 초식동물이나 다른 육식동물을 잡아먹고 살아갑니다.

　식물들은 태양을 향해 잎을 내어 엽록소로 빛 에너지를 받아들이고 잎의 무수한 기공들에 의해 이산화탄소가 흡수되며 광합성을 위해 필요한 물은 뿌리로 흡수합니다.

　진화론은 장고한 세월 동안 수많은 시행착오 끝에 생명들이 자기 살길을 찾아 발전해 왔다는 것이 기본 논리인데 소리도 없이 지구상 생명체들에 막대한 에너지를 공급하고 있는 복잡하고 신비로운 '광합성 작용'을 진화의 논리로 이해하라는 것은 너무나도 어울리지 않습니다.

S8. 복잡한 암호로 구성된 DNA 구조가 저절로 만들어질 수 있을까요?

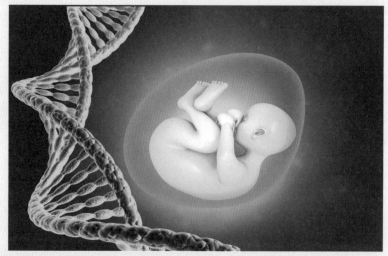

DNA

생물 세포는 핵 속에 염색체가 있고 각 염색체에는 유전 정보가 들어 있는 DNA(핵산)가 있으며 이러한 DNA의 집합체를 게놈(genome)이라고 하는데 유전자(gene)와 염색체(chromosome)의 영문 단어에서 일부를 합성하여 만든 용어입니다.

DNA 속의 염기서열을 분석하여 각 생물마다의 유전적 특징을 연구하는 프로젝트는 현재 많은 나라에서 과학자들에 의해 진행되고 있으며 이러한 연구에 의한 결과물들은 유전질환의 원인을 찾아 치료에 도움을 주고 있는 경우도 있으나 한편으로는 동전처럼 양면성을 가지고 있어 복제 기술의 남용으로 인한 생명윤리 문제가 끊임없이 대두되고 있는 상황입니다.

DNA는 손상된 다른 DNA를 복구하기도 하고 돌연변이를 방지하는 기능까지도 가지고 있는 것으로 밝혀졌으며 여러 기능이 동시에 암호화되어 있기도 하고 암호 코드가 또 다른 암호 코드에 의해서 보호 등 상상하지도 못했던 게놈의 복잡한 작동원리들을 진화론적으로 어떻게 설명할 수 있을까요?

인류는 DNA를 분석하는 연구에 100년 이상 과학자들이 매달리고 있으나 아직도 진행 중이며 연구를 하면 할수록 저절로 만들어진 것이 아닌 치밀한 지적 설계가 있었을 수밖에 없다는 것을 실감하고 있습니다.

S9. 불가사리는 해부학적으로 뇌가 없고 모든 팔마다 끝에 눈이 달려 있었다

불가사리

불가사리(不可殺伊, starfish)는 바다에 사는 무척추동물(無脊椎動物, invertebrates)로서 원래 '불가사리'라는 한자는 없고 몸을 잘라도 다시 재생되어 나오기 때문에 죽일 수 없다는 의미에서 '불가살이'를 '불가사리'로 명명하고 있습니다.

불가사리는 피부에 가시가 돋아 있기 때문에 극피동물(棘皮動物,

Echinoderms)로 분류되고 있으며 성게와 해삼도 여기에 해당됩니다.

불가사리는 영하 30도의 낮은 온도에서도 생존할 수 있으며 오염된 바닷물의 바닥에서도 발견할 수 있을 정도로 강한 생명력을 가지고 있습니다.

매우 특이한 점은 불가사리 몸 자체가 뇌를 이루는 유전자로 구성되어 있어 해부할 수 있는 별도의 뇌(腦, brain)가 없다는 것인데 몸이 없고 뇌로 구성된 동물이라고도 볼 수 있습니다.

또, 불가사리는 눈도 모든 팔의 끝마다 붙어 있는데 팔이 5개인 것도 있고 20개가 넘는 팔을 가지고 있는 불가사리도 있으므로 눈도 그만큼 많다는 의미입니다.

하지만 일반 동물들과는 달리 불가사리의 눈은 시력이 매우 약하여 밝고 어두운 정도만 감지하는 정도라고 합니다.

진화 과학자들이 만든 지질시대표를 기준으로 5만 년 전의 캄브리아기 지층에서 발견된 불가사리와 오늘날 발견된 불가사리가 같은데 진화론적으로 보면 훨씬 발전된 기능과 모습을 갖추고 있어야 할 것입니다.

S10. 음파탐지 기능을 가진 박쥐와 돌고래의 신비

박쥐

　박쥐(bat)가 깜깜한 동굴 안에서도 엄청난 속도로 날아다닐 수 있는 이유는 초음파를 발사하여 되돌아오는 신호를 감지함으로써 자신의 위치를 판단할 수 있는 능력이 있기 때문인데 동굴 안에서 때로는 수백 마리가 떼를 지어 빠른 속도로 날아다녀도 서로 부딪히지 않고 원하는 자리로 이동하기도 합니다.

또, 주변이 큰 소음으로 꽝꽝 울리는 상황 속에서도 그 능력은 변함이 없는데 소리는 음파이고 박쥐가 발사하는 것은 초음파이기 때문입니다.

박쥐는 반향정위 기능에 의하여 수십 m 떨어져 있는 곤충도 감지하여 잡아먹을 수 있으며 인간이 만든 고성능 음파탐지기보다 훨씬 더 빠르고 정확합니다.

돌고래(dolphins)의 길이는 약 4m 이하이며 박쥐와 같이 반향정위 기능으로 초음파를 발사하고 반사되는 신호를 이용하여 멀리 있는 먹잇감이나 위험을 감지해 냅니다.

바닷속은 눈으로 멀리 볼 수 없는 환경이기도 하지만 돌고래의 시력은 약해서 거의 초음파에 의존하고 있습니다.

돌고래는 폐로 호흡하기 때문에 아가미 호흡을 하는 어류와 달리 주기적으로 물 밖으로 몸을 내밀어야 하는데 잘 때는 어떻게 할까요?

놀랍게도 뇌가 2개이라서 번갈아가면서 사용하는데 한쪽 뇌가 잠을 자는 동안에도 다른 쪽 뇌에 의하여 숨구멍을 수면 위로 올리고 한쪽 눈은 뜨고 잔다고 합니다.

박쥐와 돌고래에서 발견할 수 있는 이러한 반향정위 능력은 아직도 진화 과학자들에 의한 그 기원이나 진화 과정이 밝혀진 바 없으며 이에 대해서 수렴진화의 결과이며 아주 오랜 세월 동안 필요에 의해서 그 기능이 생겨나고 발달되어 왔을 것이라는 주장만 하고 있는 상황입니다.

5천만 년 전의 지층에서 발견되었다는 박쥐 화석이 오늘날과 동일한 모습이라는 것에도 명확한 답이 보고된 바가 없는 것을 보면 오랜 세월에 의지한 일종의 '믿음'을 가지고 있는 것으로밖에 볼 수 없는 것 같습니다.

반향정위(反響定位, Echolocation)란 음파 또는 초음파를 보내서 되돌아오는 신호를 이용하여 대상물의 위치를 인식하는 방법을 뜻한다.
수렴진화(收斂進化, convergent evolution)는 박쥐와 돌고래처럼 전혀 다른 종류가 다르지만 어두운 환경에 적응하기 위해 진화를 거듭한 끝에 비슷한 능력을 갖게 되었다는 논리를 설명하는 용어로 사용되고 있다.

돌고래

S11. 딱따구리가 나무를 쪼는 속도는 총알의 2배

딱따구리

딱따구리(탁목조, 啄木鳥, woodpecker)는 날카로운 부리로 나무줄기에 구멍을 뚫어 그 속에 서식하는 벌레를 잡아먹고 사는 새입니다.

딱딱한 나무줄기에 수직으로 붙어서 쉼 없이 쪼아대는 것도 놀랍지만 그럼에도 불구하고 뇌진탕에 걸리지 않고 무사하다는 사실이 더 놀랍습니다.

딱따구리는 부리가 1초에 10번도 넘게 나무줄기를 쪼는 과정에서 머리에 엄청난 충격을 받는데 아마 사람이라면 그중 일부의 충격만 받아도 살아남기 힘들 것입니다.

하지만 딱따구리의 뇌는 스펀지와 비슷한 충격 흡수 조직으로 둘러싸여 있고 앞과 뒤는 훨씬 두껍게 되어 있어서 쪼는 속도가 총알보다 빠르고 강함에도 불구하고 안전하게 보호되고 있었습니다.

눈알도 앞쪽으로 튀어나가지 않도록 쪼는 순간 눈꺼풀이 감기는 구조로 되어 있으며 날카로운 갈고리 모양의 발톱과 단단한 꼬리털은 수직 상태에서도 몸을 지탱할 수 있게 합니다.

구멍을 뚫은 후 혀를 넣어 벌레를 잡아내는데 혀가 두개골의 내부 벽을 따라 감겨 있어서 부리의 몇 배 길이만큼이나 내밀 수 있으며 혀에서 끈적한 물질이 나와서 벌레가 혀에 잘 달라붙도록 하고 있습니다.

혀끝에는 아주 민감한 신경조직이 있어 닿는 것이 벌레인지 나뭇조각인지를 감지해 낼 수 있으며 나무줄기 안의 깊숙한 곳에 숨어 있는 벌레를 보지 않고도 잡아낼 수 있는 능력도 있는데 이렇게 신비로운 것이 우연히 진화되었다고 할 수 있을까요?

S12. 동물들에 들어 있는 신비로운 기능을 진화로는 설명할 수 없을 것이다.

북극곰

북극곰은 수백 kg이나 되는 몸무게를 가지고 있지만 미끄러운 얼음 위를 자연스럽게 걸어 다닐 수 있으며 심지어 빠른 속도로 달릴 수도 있는데 이는 발바닥의 미세한 돌기들이 미끄러지지 않게 해 줄뿐더러 얼음의 차가움을 막아 주는 마치 덧신과 같은 역할을 하고 있기 때문입니다.

코끼리는 현존하는 지상 동물 중 최대 크기이며 코끝은 주름지고 민감한 피부 조직을 가지고 있어서 사람의 입, 코, 손가락 역할을 겸하고 있습니다.

또, 코끼리는 육지동물 중에서 후각 기능이 가장 잘 발달해 있어 냄새 잘 맡기로 유명한 개보다 2배 이상 많은 후각 유전자를 가지고 있는 것으로 밝혀졌습니다.

거미는 먹이를 잡기 위해 복부의 특수 분비샘에서 거미줄을 생산해 내는데 접착제도 함께 묻어 있어 먹잇감이 한번 걸리면 쉽게 벗어나지 못하게 합니다.

그럼 거미 스스로도 거미줄을 타고 이동할 때 어려움을 겪을 것인데 괜찮을까요?

거미 다리에는 뻣뻣한 털이 나 있어 점액이 붙는 면적을 최소화하여 별문제 없이 빠르게 거미줄을 타고 다닐 수 있게 되어 있습니다.

거미줄은 같은 굵기의 철보다 인장 강도가 5배 이상이며 탄력성도 강해서 작은 곤충들이 붙었을 때는 쉽게 벗어날 수 없으며 우연히 사람한테 거미줄이 묻었을 때 떼내려고 해도 쉽게 떨어지지 않을 정도입니다.

또, 거미는 날개가 없어 날지 못하지만 높은 가지 사이 등의 공간을 이동할 수는 있는데 높은 곳으로 타고 올라간 후 길게 뽑아낸 낱개의 거미

줄이 바람에 날리는 것을 잡고 가는 것이 마치 날아가는 것처럼 보일 때도 있습니다.

신비로운 기능을 가진 동물들에 논하자면 몇 권의 책으로도 부족하리만큼 많을 것입니다.

진화론적 관점에서는 아무리 뛰어나고 독특한 기능을 가진 동물이라도 각각 수많은 시행착오 끝에 아주 조금씩 발전되어 오늘날까지 이르렀다는 것인데 없던 북극곰 발바닥의 돌기가 세월이 흘러 세대를 반복했다고 해서 뇌로까지 감각이 이어지도록 하는 신경조직과 함께 저절로 생겨날 수 있었을까요?

S13. 꿀벌의 수학적이고 놀라운 집짓기 기술은 인간이 따라 할 정도다

꿀벌과 벌집

꿀벌(honey bee)은 우리나라 축산법상 가축으로 분류되고 있을 만큼 우리에게 많은 꿀을 선사하고 있는 친숙한 곤충입니다.

꿀벌은 꿀을 모아 저장한 후 한겨울에 꿀을 구할 수 없을 때도 식량으로 이용하고 있으며 수술의 꽃가루를 암술머리에 옮겨붙게 하여 식물이 번식할 수 있도록 하는 유익한 곤충입니다.

벌집은 육각형 구조로 되어 있는데 인간도 충격 흡수가 필요한 많은 곳에 이를 활용하고 있을 정도입니다. 우주선, 인공위성, 비행기, 고속 열차, 자동차 등을 포함하여 고속 이동시설과 건축물이나 방석에 이르기까지 충격 방지나 하중 분산이 필요한 곳들에 응용되고 있습니다.

좁은 장소에 가장 많은 집을 짓기 위해서는 집 조각의 가운데를 중심으로 인접한 꼭짓점 각도의 합이 360도가 되어야 하는데 도형 중에서 삼각형, 사각형, 육각형이 여기에 부합합니다.

삼각형은 각이 작아 실제 사용할 수 있는 공간이 너무 좁고 사각형도 모서리가 직각이고 상부로부터 받는 무게 때문에 높이 쌓아 올리기에 부적절한 것에 반해 육각형은 공간 효율이 가장 좋고 높이 쌓아 올려도 상부의 무게가 분산될 수 있기 때문에 튼튼한 집을 지을 수 있습니다.

처음부터 벌들이 집을 육각형으로 짓는 것이 아니라 원형으로 지어나가는데 이후 집들이 서로 엉겨 붙고 상하좌우로 주어지는 힘에 영향을 받아서 일정 기간이 지나면 조금씩 육각형이 되어 간다는 것입니다.

집들을 보면 일정한 규격을 가지고 있는데 분명 벌들에게는 수학적인 능력이 있는 것으로 보입니다.

사람이 자를 들고 만들어도 쉽지 않은 것을 한 마리의 벌이 하나씩 짓는 것도 아니고 수많은 벌들이 소통하며 협업으로 짓는 집인데 마치 건축가들이 설계에 의해 집을 지어 가듯 균일하게 구성되는 것을 보면 경이롭지 않을 수가 없습니다.

또 벌은 춤이나 복잡한 몸짓으로 동료들에게 먹이 위치나 의사를 전달하기도 하는데 인간과는 비교할 수도 없는 뛰어난 시력과 순간 인지능력이 있는 것으로 밝혀졌으며 수천 마리의 벌도 특정 목적을 위해서 서로 협력하여 일을 수행하는 모습은 실로 놀라울 따름이며 이러한 것들도 진화된 것이라고 할 수 있을까요?

S14. 사람 얼굴은 수많은 감정을 표정으로 나타낼 수 있다

다양한 얼굴 표정

인간은 감정이나 의도에 따라 표정을 지을 수 있는 11개의 표정 관련 안면 근육을 가지고 있습니다.

기쁠 때, 화낼 때, 행복할 때, 놀랄 때, 코믹함을 느꼈을 때, 두려울 때, 슬플 때, 혐오스러워할 때 등을 포함하여 상황에 따라 얼굴 표정을 지을 수 있고 때로는 의도적으로도 표정을 지을 수 있습니다.

어떤 이는 동물들도 웃는 표정을 지을 수 있다고 하는데 코알라나 돌고래 등이 코믹하게 생겼을 수는 있으나 늘 같은 표정이고, 강아지나 고양이가 기분 좋을 때 짓는 표정은 혀를 내밀거나 입을 크고 작게 벌리는 등으로 인하여 웃는 표정처럼 보일 뿐이며 사람처럼 안면 근육들의 조합으로 스스로의 감정을 다양하게 표현할 수는 없습니다.

우리 인간은 다른 사람을 웃게 하거나 기분 좋게 하려고 유머(humor)를 사용할 줄도 알고 무언극 배우는 몸짓과 얼굴 표정을 통해서 관객들을 웃기거나 눈물을 흘리게 할 수도 있습니다.

노래, 영화, 연극, 스포츠 등의 현장에서 관객들의 얼굴 표정을 상황별로 관찰해 본다면 참으로 다양한 표정들을 목격할 수 있는데 이는 사람마다의 얼굴 생김새에 따라서도 다르겠지만 개개인의 연령, 성별, 성격, 지적 수준, 지역, 국적 등에 따라서도 다르게 나타날 수 있습니다.

사람과 가장 비슷하게 생긴 동물로 알려져 있는 침팬지만 봐도 개와 고양이 수준의 단순한 표정 외에는 나타나지 않는데 인간이 동물들 중 가장 우수하게 진화되었다고 하는 진화론의 주장에 설득력이 있어 보이는가요?

S15. 사람의 손과 발은 지적 설계의 증거이다

손과 발

　사람 손발은 뇌에서 명령하는 대로 아주 미세한 동작까지도 할 수 있으며 손가락을 움직이면서 반대편 손으로 손목과 팔뚝을 만져 봤을 때 여러 근육들도 함께 움직이는 것을 감지할 수 있습니다.

　컴퓨터의 키보드로 한글을 입력하다가 영문을 입력기도 하며 게임을 할 때는 순간적이고 창의적인 동작도 해 내며 디자이너는 손가락의 움직임으로 아름다운 작품들을 표현해 내기도 합니다.

손톱은 손끝으로 무엇인가를 잡거나 누를 때 피부와 뼈가 손상되지 않게 하고 힘을 줄 수 있도록 해 주며 손톱과 발톱은 외부 요인에 의해 손상이 일어났을 때도 뿌리 방향이 아닌 가로로 찢어지도록 되어 있습니다. 또 닳아도 계속 자라납니다.

발은 사람의 체중을 지탱해 주며 직립보행을 할 때 균형을 잡아주어 넘어지지 않게 합니다. 또 26개의 뼈로 구성된 발은 발목 뒤쪽에 붙어 있는 아킬레스건(Achilles tendon)과의 조화로 우아한 걸음을 만들어 주며 달리거나 점프도 할 수 있게 해 줍니다.

육상경기에서의 높이뛰기, 발레, 체조, 피겨 등의 종목을 보면 인간의 발이 얼마나 뛰어난 기능을 발휘할 수 있는지 실감할 수 있습니다.

손과 발을 분석해 보면 인간이 4족 보행을 하다가 2족 보행을 했다는 진화론에서의 주장이 전혀 맞지 않다는 것을 알 수 있습니다.

인간과 닮았다는 침팬지 발의 뼈는 손과 같은 구조라서 서는 것보다는 기는 데 용이하도록 되어 있으며 발바닥은 평평하게 생겼습니다.

S16. 최고의 인체 보호기관인 피부의 놀라운 기능

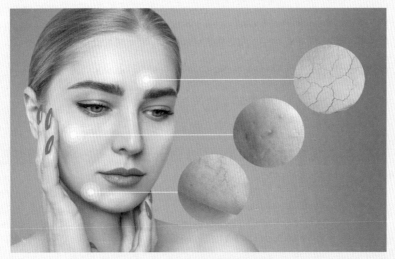

피부

　우리의 몸은 노출되어 있어 외부로부터 수많은 미생물과 화학물질에 의해 늘 공격당하고 있는데 피부(皮膚, skin)는 단순히 방어만 하는 것이 아니라 각종 신비한 기능들을 가지고 있어 인체 내부의 근육은 물론이고 신경계와 뇌까지 연결되어 민감하게 작동하고 있습니다.

　사람의 몸이 가열될 때 수백만 개의 땀샘으로부터 땀이 나와 체온이 정상체온으로 떨어지도록 하고 추위에 노출되어 몸이 차가워지면 피부의 혈관이 자동으로 수축되어 체열이 손실되는 것을 막아 줍니다.

또, 저절로 덜덜 떨게 되어 근육의 수축과 이완이 이루어지게 함으로써 빠른 시간 안에 정상체온으로 돌아오게끔 하는 본능적이고 자동반사적인 반응도 일어납니다.

사람 피부 대부분에는 콜라겐(collagen) 단백질이 있으며 이 때문에 피부가 손상되거나 찢어지는 것이 최대한 방지됩니다.

피부에 상처가 나면 세포분열 작용으로 회복하는 시스템이 작동하고 작은 상처의 흉터 정도는 일정 기간이 지나면 거의 사라지는 것을 확인할 수 있을 정도입니다.

우리의 피부는 90% 이상이 털로 덮여 있으며 땀샘이나 모낭을 통하여 외부 미생물이 침투할 수 있는데 피부에는 이를 방어하는 무해한 미생물이 존재하고 있는 부분도 있습니다.

피부에는 기름샘이 있어 마찰로부터 보호하며 피부가 건조해지는 것을 예방해 줍니다. 반대로 손과 발에는 기름샘이 없어 손으로 사물을 만지거나 발로 걸을 때 미끄러지지 않는데 매우 당연하다고 생각될 수 있으나 참으로 다행이고 신기한 부분입니다.

Tip 🖊

피부가 햇빛에 적절하게 직접 노출되었을 때는 비타민D가 합성되어 피부 보호에 도움이 되는데 창문을 통과한 햇빛에 노출했을 때는 거의 효과가 없다. 이는 햇빛 광선 중에서 합성에 도움을 주는 UVB선 대부분이 차단되어 비타민 D의 합성이 거의 이루어지지 않을 뿐만 아니라 과도하게 노출했을 경우 유해한 UVA선이 침투하여 오히려 피부 노화 촉진과 주름이 깊어지는 원인이 될 수 있다.

S17. 사람의 귀는 항상 열려 있으나 고도로 정교하게 설계되어 있다

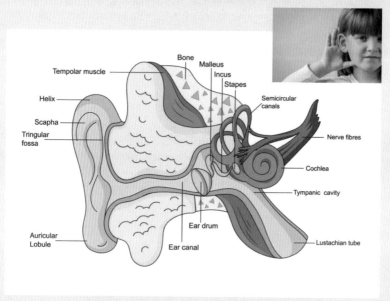

귀의 내부 구조

    사람과 포유동물한테 있는 귀는 소리를 듣는 신체 기관이기도 하며 사람이 죽을 때 눈, 코, 혀, 피부 등 다른 감각기관보다도 더 최후까지 감각을 유지한다고 합니다.

    인간이 나이가 들면 보통 시력이 약해지고 피부에 주름이 생기는 것을 가장 뚜렷하게 알 수 있지만 잘 느끼지 못할 뿐이지 사실상 눈보다 귀가 더 빨리 노화되며 손상도 잘 일어납니다.

우리가 소리를 들을 수 있는 원리는 공기 중의 주기적 진동인 음향파가 고막에 도달하여 감지하기 때문인데 고막은 너무 민감하고 연약하여 귀를 잘못 맞으면 잘 찢어지기도 하는 기관입니다.

인간이 들을 수 있는 소리의 범위는 주파수 약 20~20,000Hz이며 이를 가청 주파수라고 합니다.

지구가 적도 부근 기준으로 시속 약 1,674㎞/h로 자전하면서 엄청난 굉음을 발산하고 있는데 가청 주파수 밖이라서 우리가 들을 수 없을 뿐입니다. 참 다행스럽지 않습니까?

귀의 깊숙한 내부에 위치한 달팽이관은 소리 주파수에 따라 기저막의 진동 위치가 다른데 순간적으로 주파수를 분석하여 동작하는 너무나도 놀라운 기관입니다.

뛰어난 연주가의 음악을 감상하다 보면 경쾌한 음, 잔잔한 음, 슬픈 음, 부드러운 음 등 다양하게 들을 수 있고 때로는 희열을 느끼기도 하고 눈물이 흐를 때도 있는데 경이롭고 고차원적인 귀의 감지 능력이 없었다면 뛰어난 연주를 할 수도 없고 들어서 감동을 느낄 수도 없었을 것입니다.

귀에는 듣는 기능만 있는 것이 아니고 사람이 평형을 유지할 수 있게 하는 기능도 있는데 달팽이관과 연결되어 있는 전정기관에서 담당하고 있습니다.

이 전정기관이 있기 때문에 엘리베이터를 타고 눈을 감고 있어도 올라가는 중인지 내려가는 중인지를 알 수 있으며 전정기관에 이어져 있는 반고리관의 림프액 때문에 회전 감각도 느낄 수 있는 것입니다.

이렇듯 귀는 듣고 평형을 유지하고 회전 감각을 느낄 수 있는 우리 몸의 소중한 기관이며 아무리 뛰어난 보청기도 부모로부터 물려받은 귀 본래의 기능 절반도 따라올 수 없을 것입니다.

S18. 신비로운 사람의 눈 기능들은 진화되었을 수 없다

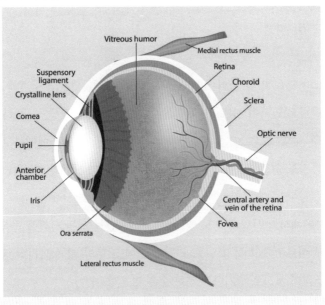

눈의 구조

　눈에 비치는 사물의 형상은 각막과 수정체를 통과한 후 안구로 들어와서 망막에 상이 맺히며 망막(網膜, retina)은 시신경을 통해 들어오는 정보를 뇌로 전달하기 위한 신호로 바꾸는 기능을 하는 등 사실상 뇌의 기능도 함께 담당하고 있습니다.

망막은 안구의 뒷부분에 위치하고 있으면서 내부를 2/3 정도 감싸고 있는 신경조직이며 순간적인 형상 신호로 변환하는 속도가 지구상의 그 어떤 컴퓨터의 중앙처리장치(CPU)보다도 빠릅니다.

눈의 가장 바깥 부분에 위치하면서 외부의 박테리아와 바이러스로부터 동공을 보호하고 있기도 하는 각막(角膜, cornea)은 5개의 주요 층으로 구성되어 있고 눈물과 눈 속의 수양액으로부터 영양분을 공급받으며 소독도 됩니다.

사람의 눈은 10억 분의 1m의 매우 작고 미묘한 색깔도 구별해 낼 수 있을 만큼 정밀하여 기쁜 눈빛, 걱정스러운 눈빛, 무서운 눈빛, 놀라는 눈빛, 슬픈 눈빛, 혐오스러운 눈빛 등 논리적으로 구분 짓기 애매하고도 미묘한 감정도 순간적으로 눈빛만으로도 인식하거나 표현할 수 있습니다.

진화론에서는 사람의 눈도 장고한 세월 동안 수없는 진화를 반복해서 지금에 이르렀다고 하고 있으나 눈과 같이 고도의 기능을 가진 복잡한 신경조직이 저절로 생겨나고 진화할 수 있을까요?

S19. AI 로봇은 다양한 냄새를 맡을 수 있는 사람 코 기능을 따라올 수 없다

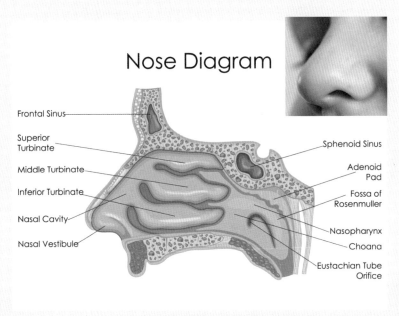

코와 내부 구조

코는 공기를 호흡하고 냄새를 맡는 기능을 함과 동시에 흡입되는 공기의 온도와 습도를 조절하고 먼지나 세균을 걸러내는 여과 기능도 하고 있습니다.

콧구멍을 통하여 냄새 분자가 들어오면 수백만 개의 세포로 구성된 후

각 점막에 냄새 분자가 녹아 붙으면서 후각 망울(olfactory bulb)에 신호를 전달하는데 이때 화학적 신호가 전기적 신호로 전환되어 뇌로 전달됩니다.

사람보다 훨씬 뛰어난 후각 기능을 가지고 있는 동물은 아프리카코끼리, 개, 돼지 등인데 오랫동안 사람의 상대적으로 부족한 후각 기능을 보완해 오고 있기도 합니다.

현재까지 인공지능(AI) 로봇의 코는 일산화탄소와 같은 화학물질을 탐지할 수 있는 능력이 있으나 사람의 코와 같이 복잡한 냄새를 감별해 낼 수는 없는 상황입니다.

냄새라는 것은 수많은 화학물질의 복합체인 경우가 대부분이기 때문에 사람처럼 냄새를 뇌에서 순간적으로 해석해 내는 능력을 갖추는 것은 거의 불가능합니다.

현재까지 사람과 육상동물에서 후각이 진화했다는 과학적인 증거가 명확하게 제시된 적이 없으며 냄새가 화학적 신호에서 전기적 신호로 변환된다는 것만 밝혀졌을 뿐 세부적인 메커니즘(mechanism)이나 진화 과정은 밝혀내지 못하고 있습니다.

S20. 사람의 혈액은 생명의 근원이며 정밀하고 조직적인 기능을 하고 있다

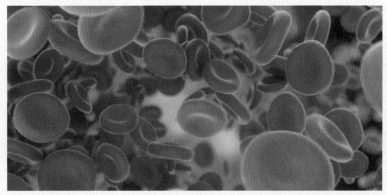

적혈구

    사람의 혈액(피, 血液, blood)은 생명의 원천으로 체중의 약 8%를 차지하고 있습니다.

    혈액은 혈장, 적혈구, 백혈구, 혈소판 등으로 구성되어 있으며 산소, 이산화탄소, 영양분, 호르몬 등을 인체 내부에 골고루 운반하면서 유해균을 막아 주는 면역의 역할도 수행하고 있습니다.

    음식물을 먹음으로써 얻게 되는 영양분이 장을 통하여 흡수된 다음 혈액으로 녹아들어 가며 폐로 들어온 공기에 의해 혈액은 산소를 흡수하고 이산화탄소는 배출되며 신장을 거치면서 필요 이상의 물과 노폐물이 제거됩니다.

백혈구(白血球, white blood cell)는 유해 미생물이나 유해 물질 등이 침입했을 때 이를 파괴함으로써 혈액을 오염시키지 못하도록 방어하는 면역기능을 하고 있습니다.

흡수된 산소를 인체 구석구석까지 운반하는 역할을 담당하는 것은 적혈구(赤血球, red blood cell)인데 마치 도넛 모양과도 비슷합니다.

적혈구 중에서 약 1%는 매일 새로 만들어져서 늘 신선한 혈액이 유지되도록 하고 있고 적혈구 1개에는 1,000억 개 이상의 아미노산이 배열되어 있으며 단 하나라도 연결이 잘못되면 제 기능을 할 수 없을 정도로 놀랄 만큼 정교합니다.

피 한 방울에는 약 2억 개 이상의 적혈구가 있는데 보통 성인 남성의 혈액량은 약 5리터 정도이므로 엄청난 수의 적혈구가 온몸을 흐르면서 우리의 생명이 유지될 수 있도록 해 주고 있습니다.

이토록 신비로운 혈액이 돌연변이와 같은 수많은 시행착오가 반복되면서 저절로 생겨났다고 생각하는 것과 처음부터 창조주가 정밀하게 설계했다고 생각하는 것 중 어느 것이 합리적일까요?

S21. 외부 위험으로부터
사람을 보호하고 있는 신비로운 면역 시스템

인체 면역

면역(免疫, immunity)은 생체 조직으로 침입해 들어오는 각종 세균이나 물질 등의 항원으로부터 방어하는 것을 의미하는데 다시 들어와도 발병하지 않도록 항체가 만들어져서 저항력을 가지게 됩니다.

인체는 눈, 코, 입, 귀, 피부가 외부로 노출되어 있고 옷을 입고 있기는 하지만 항문과 생식기도 공기 중에 노출되어 있기 때문에 다양한 박테리아, 바이러스, 곰팡이, 기생충 등으로부터의 위험에 놓여 있습니다.

하지만 또다시 감염이 일어나면 일시적으로는 아플 수 있어도 대부분은 학습되고 기억되어 있는 인체의 면역 시스템에 의해 방어되기 때문에 크게 아픈 경우는 드뭅니다.

물론 몸의 기력이 약하거나 영양 상태가 취약한 경우에는 면역력도 함께 떨어져 있는 상태라서 재감염 확률이 그만큼 높아질 수 있습니다.

의학과 생물학이 발달함에 따라 체세포가 분열할 때 세포의 유지 시스템 암호화에 필요한 수십억 개의 DNA 코드들이 복사되어 만들어지는 것과 오류를 수선하는 시스템이 동작하여 돌연변이의 발생이 최소화될 수 있도록 막아 준다는 것도 밝혀져 있습니다.

이와 같이 면역 시스템의 동작하도록 암호 코드들이 생물체에 처음부터 입력되어 있지 않았다면 저절로 그 복잡한 방어 시스템이 헤아릴 수 없이 다양한 공격으로부터 자동적으로 동작할 수 있을까요?

만약 진화가 사실이라면 초기 진화 단계에서의 어쩔 수 없는 원시적인 면역 시스템으로 인하여 더 이상 생명체는 이어지지 못했을 것입니다.

S22. 젖니가 빠지고 간니가 나는 사람의 치아는
정교하게 프로그래밍 되어 있다

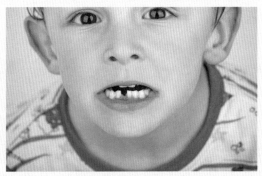

어린이 치아

유치(乳齒, milk tooth, 젖니)는 출생 후 6개월 정도가 지나면 나오기 시작하고 만 6세 즈음이 되면 영구치(永久齒, permanent tooth, 간니)가 나오기 시작하여 만 12세 즈음이 되면 다 나는데 총 32개입니다.

유치는 한꺼번에 모두 빠지는 것이 아니라 일부씩 빠지며 더 빨리 빠진 것부터 영구치가 올라오기 시작함으로써 치아교환이 진행되는 중에도 음식을 씹어 먹을 수 있습니다.

치아교환 시기에 영양을 잘 공급받을 수 있도록 정교하게 프로그래밍

되어 있었던 것입니다.

치아는 법랑질, 상아질, 백악질, 치은, 치수, 치근, 치근막, 잇몸, 치조 골 등으로 구성되어 있으며, 법랑질은 에나멜이라고 하는데 겉에서 하 얀색으로 보이는 부위입니다.

법랑질(琺瑯質, tooth enamel)에는 신경조직이 없어 충치가 생겨도 통 증은 없으며 충치가 바로 내부층에 존재하는 상아질에까지 들어가면 통 증이 생깁니다.

법랑질 자체는 유리처럼 부서지기 쉬운 성질이지만 치아의 법랑질은 발달하는 과정에서 법랑질 내부에 법랑총(enamel tufts)이라는 작은 돌 기들이 상아질과의 경계로부터 치아 표면으로까지 형성됨으로써 쉽게 쪼개지지 않고 잘 관리하면 평생 사용할 수도 있게 됩니다.

또, 상아질이 있기 때문에 딱딱한 음식물을 씹을 때 충격이 완화되며 잇몸도 치조골에 부착되어 음식물을 씹을 때의 마찰력을 줄여주고 있기 때문에 아무리 좋은 임플란트나 틀니를 해 넣어도 부모로부터 물려받은 자연 치아만은 못합니다.

치아와 관련한 각 조직마다 너무나도 정교하고 과학적으로 설계되어 있음이 계속해서 밝혀지고 있는 데에 반해 저절로 생겨난 후 발달되어 왔다는 치아의 진화 흔적은 갈수록 찾아보기 힘든 상황입니다.

S23. 사람의 뇌는 만물 중에
최고의 성능과 용량을 가진 초고성능 컴퓨터다

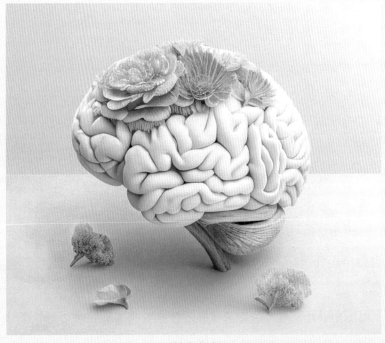

인간의 뇌

사람의 뇌(腦, brain)는 신경 세포의 집합체로써 몸 전체의 신경을 제어하고 있으며 체중에서 차지하는 비율이 약 2~3%에 불과하지만 사람이 소모하는 산소의 약 20~25%를 차지하고 있을 만큼 많은 에너지를 소모하고 있습니다.

대뇌(大腦, cerebrum)는 뇌 전체에서 약 80% 내외를 차지하고 있으며 정보가 들어오면 분석하여 저장하며 감정을 느낄 수 있게 하고 말을 할 수 있게 하는 역할을 합니다.

소뇌(小腦, cerebellum)는 몸의 균형을 유지할 수 있게 하고 뼈와 근육을 움직일 수 있게 하고 있습니다.

그 외에도 간뇌는 수면, 갈증, 식욕, 체온 등을 담당하고 숨뇌는 호흡과 심장박동, 소화 등을 담당하는 등 기타 뇌의 각 기관에서 몸 전체의 각 기관들이 제대로 작동할 수 있도록 컨트롤하고 있습니다.

올림픽 등의 스포츠 경기에서 양궁 선수가 수십 m 앞 과녁의 가장 중심부에 화살을 명중시킴으로써 그곳에 달려있던 카메라 렌즈를 파괴하는 장면을 아주 가끔이지만 목격할 수 있습니다.

이는 인간의 눈이 동물들 중에서 가장 뛰어난 것도 아니고 선수의 시력만으로 콩알만 한 카메라 렌즈를 볼 수 있어서 맞춘 것이 아니라 시각과 몸의 각 기관들을 최적의 요건으로 컨트롤하는 뇌의 집중 능력이라 할 수 있겠습니다.

뇌는 인간으로 하여금 예술적인 춤도 출 수 있게 하고 뛰어난 강연자로부터 듣는 말에 감동을 받고 눈물을 흘리게도 합니다.

또, 뇌는 여러 가지 분야에서 배우고 경험한 지식들을 융합하여 새로운 창작물을 설계하기도 하며 세계 최고의 바둑 기사와 대결하여 승리할 수 있는 인공지능(AI) 능력을 가진 컴퓨터도 만들어 낼 수 있습니다.

물론 눈으로 보고 손과 발을 움직여서 하는 일이지만 모든 정보를 해석하여 우리 몸의 각 기관들에 명령을 내리는 것은 바로 뇌입니다.

우연히 그리고 저절로 생겼다는 진화 과학자가 진화의 당위성을 해석해 내는 과정에서 가장 어려운 난관으로 마주하는 것이 바로 인간의 '뇌' 일 것입니다.

S24. 우리 인간은 창조주 최고의 걸작품이다

창조주 최고의 걸작품들 : 인간

올림픽 경기에서 기계체조 연기를 하는 선수의 동작을 유심히 보면 참으로 경이롭지 않을 수가 없습니다.

인간의 몸은 뼈들의 조합으로 연결되어 있으며 뼈의 움직임을 위하여 유연한 연골이 그 역할을 하고 있는데 적절한 윤활 물질이 나오고 충격 방지 장치들이 잘 조화를 이루어 동작함으로써 훌륭한 예술작품을 구현할 수 있게 합니다.

심장(心臟)은 우심방, 우심실, 좌심방, 좌심실, 대동맥, 대정맥, 폐동맥, 폐정맥, 판막, 심막 등 각 요소들이 유기적인 역할을 함으로써 적절한 혈압으로 온몸 구석구석으로 혈액을 보내고 다시 되돌아오게 하는데 기계에 비유하면 엔진에 해당합니다.

심장의 판막은 심장이 수축되는 순간 판막이 닫히게 되어 혈액이 유일하게 열려 있는 통로인 출구로만 분출되도록 하여 혈액이 입구로 역류하는 것을 막아내고 있으며 인간이 살아 있는 동안에는 단 한순간도 멈춤 없이 너무나도 정교하게 동작합니다.

인간은 두 발로 완전한 직립보행을 하는 지구상 유일한 생명체이며 심지어 스마트폰을 보거나 노래를 하면서도 유유히 걸어 다닐 수 있습니다. 좀 더 예쁘게 걷기 위해 신경 쓰며 걷기도 하며 다른 사람의 걸음걸이를 흉내 내면서 걷기도 합니다.

정밀하고 정교하기로 소문난 물건을 꼽으라면 흔히 고급 손목시계, 컴퓨터 CPU, 반도체 등을 들 수 있고, 가장 뾰족한 물건을 꼽으라면 바늘 끝을 떠올릴 수 있습니다.

현대 과학기술이 발달하면 할수록 더 정밀하고 더 뾰족해질 수는 있을 것이지만 이러한 것들을 고배율 현미경으로 확대해서 보게 된다면 울퉁불퉁하고 투박한 모습이 드러나는 데 반하여 창조주가 만든 작품들은 고성능 전자현미경으로 확대해 보았을 때 세포가 나오고 세포를 계속 확대해 보면 분자가 나오고 결국은 물질의 최소 단위인 원자까지도 볼 수 있게 됩니다.

인간이 만든 것은 모든 것에 한계를 가지고 있고 인간이 발견한 지식들 또한 그러할 뿐만 아니라 때로는 투박하기 그지없을 때가 많으며 과학인지 믿음인지도 그 경계선이 모호한 경우가 너무 많습니다.

진화론은 우주 공간 어디에서부터 뻥 터져서 물질이 조합되었고 별도 만들어졌으며 지구도 그렇게 생겨났다고 하며 지구에서의 생명도 무생물에서부터 생물이 우연히 생겨났다고 합니다.

물고기도 그렇게 생겨났으며 인간도 그중에 한 종류하고 하는데 어느 것 하나 실험으로 성공한 적이 있거나 증거자료도 없습니다.

인간은 신비로운 동물보다도 차원을 달리하는 신비함을 지니고 있는데 동물로부터 진화하여 인간이 되었다는 것을 믿는다는 것은 또 다른 의미에서의 종교심이 아닐까요?

무엇보다도 사람은 윤리를 알고 실천하려는 본성을 가지고 있으며 기도하고 염원하며 의지하는 마음을 가지고 있습니다.

우주 만물은 창조되었으며 창조주가 만든 최고의 걸작품은 바로 우리 인간입니다.

로마서 1장 20절 "창세로부터 그의 보이지 아니하는 것들 곧 그의 영원하신 능력과 신성이 그가 만드신 만물에 분명히 보여 알려졌나 니 그러므로 그들이 핑계하지 못할지니라"

창조주는 성경이라는 책과 자연이라는 책에 창조의 증거들을 펼쳐 놓 았고 피조물인 우리가 깨달아서 알 수 있게 되기를 바라고 있습니다. 너무 늦기 전에….

창조과학 백문 백답

ⓒ 손방주, 2024

초판 1쇄 발행 2024년 5월 3일

지은이   손방주
펴낸이   이기봉
편집   좋은땅 편집팀
펴낸곳   도서출판 좋은땅
주소   서울특별시 마포구 양화로12길 26 지월드빌딩 (서교동 395-7)
전화   02)374-8616~7
팩스   02)374-8614
이메일   gworldbook@naver.com
홈페이지   www.g-world.co.kr

ISBN   979-11-388-3063-8 (03230)